GÜTERSLOHER
VERLAGSHAUS

Gütersloher Verlagshaus. Dem Leben vertrauen

MODULE
DER
THEOLOGIE

Band 2

Hanna Roose

Neues Testament

Gütersloher Verlagshaus

Bibliografische Information der Deutschen Nationalbibliothek

Die Deutsche Nationalbibliothek verzeichnet diese Publikation in der Deutschen Nationalbibliografie; detaillierte bibliografische Daten sind im Internet über http://dnb.d-nb.de abrufbar.

FSC

Mix

Produktgruppe aus vorbildlich bewirtschafteten Wäldern, kontrollierten Herkünften und Recyclingholz oder -fasern
www.fsc.org Zert.-Nr. SGS-COC-004278
© 1996 Forest Stewardship Council

Verlagsgruppe Random House FSC-DEU-0100
Das für dieses Buch verwendete FSC-zertifizierte Papier *Munken Premium* liefert Artic Paper Munkedals AB, Schweden.

Umschlaggestaltung: Init GmbH, Bielefeld
Druck und Bindung: Těšinská Tiskárna, a.S., Český Těšin
Printed in Czech Republic
ISBN: 978-3-579-08082-6

www.gtvh.de

Inhalt

1. Was kennzeichnet ein Modul Neues Testament?

Ein „Modul“ bezeichnet eine Einheit zusammengehöriger Elemente. Diese Einheit bildet in unserem Fall das Neue Testament. Die zusammengehörigen Elemente sind erstens die Fragen, mit denen sich die Wissenschaft den Texten des Neuen Testaments nähert (s. u., Kapitel 2), zweitens die Schriften des Neuen Testaments selbst (s. u., Kapitel 3 bis 8) und drittens die Berücksichtigung des Neuen Testaments als Teil des christlichen „Kanon“ (s. u., Kapitel 9). Folgende Prinzipien leiten die Darstellung:

- Das „Modul Neues Testament“ richtet sich an interessierte Leser ohne Griechischkenntnisse und ohne umfangreiche historische oder theologische Vorkenntnisse.
- Biblische Texte sind selten eindeutig, im Gegenteil: Ihre Interpretation ist oftmals (auch in der Fachwissenschaft) umstritten. Das „Modul Neues Testament“ versucht, dieses Phänomen nicht zu überdecken, sondern zumindest exemplarisch aufzuzeigen. Deshalb haben Fragen und Probleme, die die neutestamentlichen Texte aufwerfen, Vorrang vor möglichen Antworten. Die Impulse am Ende der einzelnen Großkapitel zielen daher nicht nur auf die Reproduktion von Wissensbeständen, sondern auf die Reflexion und die persönliche Auseinandersetzung mit Fragen, vor die uns die neutestamentlichen Texte stellen.
- Jede Methode hat ihre Voraussetzungen, die die Reichweite der Methode begrenzen. Das „Modul Neues Testament“ versucht, diese Voraussetzungen erkennbar zu machen (s. u., Kapitel 2.1). Insbesondere bei den sogenannten **Einleitungsfragen** (s. u., Kapitel 2.10) basie-

ren die Angaben der Fachwissenschaftler auf komplexen Schlussfolgerungen. Dieser rekonstruktive Charakter des (Fach-)Wissens soll zumindest an einigen Stellen deutlich werden, sodass nachvollziehbar wird, wie verlässlich oder auch spekulativ bestimmte Informationen sind.

Und schließlich: Das „Modul Neues Testament" möchte Interesse wecken, sich intensiver mit den Schriften des Neuen Testaments auseinanderzusetzen.

2. Fragen der neutestamentlichen Wissenschaft an die biblischen Texte

2.1 Der Ansatz: Was setzt die neutestamentliche Forschung (stillschweigend) voraus?

Vogelperspektive

Jede (wissenschaftliche) Methode hat ihre eigenen Voraussetzungen, aus denen sich bestimmte Begrenzungen ergeben. Oder einfacher ausgedrückt: Die Art der Fragen, die ich stelle, begrenzt die Menge der möglichen Antworten. Bevor wir uns die einzelnen methodischen Schritte ansehen, mit denen die neutestamentlichen Texte zurzeit in der Wissenschaft untersucht werden, ist es daher notwendig, eine „Vogelperspektive" einzunehmen. Diese Perspektive erlaubt es, die Voraussetzungen und damit auch die Begrenzungen der jeweiligen Methode in den Blick zu bekommen. Wer sich sozusagen im „Blindflug" durch eine bestimmte Methode arbeitet, muss zu völlig unzutreffenden Einschätzungen kommen. Meiner Erfahrung nach ist genau das bei Studierenden und interessierten Laien, die sich mit Ergebnissen der aktuellen neutestamentlichen Wissenschaft auseinandersetzen, oft der Fall. Ich beginne daher mit der Klärung der impliziten Voraussetzungen, die derzeit in der neutestamentlichen Wissenschaft vorherrschen.

Exegese

Die Methode, die derzeit die neutestamentliche Wissenschaft dominiert, nennt sich „historisch-kritische Exegese". „Exegese" kommt aus dem Griechischen und bedeutet wörtlich „herauslesen". Damit ist bereits eine wichtige Voraussetzung der Methode benannt: Die neutestamentliche Wissenschaft erhebt den Anspruch, mit ihren Auslegungen etwas aus dem biblischen Text herauszulesen, was in ihm enthalten ist. Der schärfste Vorwurf, der einem Exegeten (nach seinem Selbstverständnis) gemacht werden kann, ist also derjenige, etwas in den Text hineinzulesen, was dieser nicht enthält („Eisegese"). Die Forschung bemüht sich also, persönliche Überzeugungen, Vorbehalte etc. aus ihrer Auslegung herauszuhalten und ganz „auf den Text zu hören". Dabei wird der biblische Text als (relativ) geschlossen angesehen. Wenn ich einen Text als „geschlossen" betrachte, gehe ich davon aus, dass er nur *eine* richtige Bedeutung hat.

kritisch

„Kritisch" bedeutet in diesem Zusammenhang – und das ist von zentraler Bedeutung – dass die neutestamentliche Wissenschaft die christliche Qualifizierung der biblischen Texte als „Wort Gottes" ausklammert. Diese Voraussetzung wird oft missverstanden: Die historisch-kritische Methode behauptet nicht, dass die Bibel nicht „Wort Gottes" sei, sondern sie enthält sich in dieser Frage eines Urteils. Mit anderen Worten: Die Frage, ob bzw. inwiefern die biblischen Texte „Wort Gottes" sind, liegt außerhalb der historisch-kritischen Exegese. Sie untersucht nur die menschliche Dimension dieser Texte, ohne ein Urteil darüber zu fällen, inwiefern wir hier dem „Wort Gottes" begegnen. Die historisch-kritische Methode verdankt sich der Aufklärung. Leitend ist der Versuch, die Untersuchung biblischer Texte auch für Nicht-Christen (oder – aktueller – für Personen, die sich weder eindeutig für christlich noch für nicht-christlich halten) akzeptabel und nachvollziehbar zu machen. Es geht der historisch-kritischen Methode gerade nicht darum, Nicht-Christen davon zu überzeugen, dass die Bibel „Gottes Wort" ist, sondern darum, mit ihnen wissenschaftlich und ohne Missionierungsdruck ins Gespräch zu kommen. Deshalb wird die Frage, ob uns in der Bibel „Gottes Wort" begegnet, ausgeklammert.

Diese Grundentscheidung kann man für sinnvoll halten oder auch nicht. Wir müssen sie aber auf jeden Fall im Auge behalten, um der historisch-kritischen Methode in ihren Fragestellungen und Ergebnissen überhaupt gerecht werden zu können. Die Folgen dieser Grundentscheidung sind erheblich: Die historisch-kritische Exegese fragt nach den jeweiligen menschlichen Verfassern der alt- und neutestamentlichen Schriften, sie rechnet mit einer Vielzahl von (unterschiedlichen) Überzeugungen, die uns in diesen Schriften begegnen, mit Widersprüchen und mit einer durchgehenden Zeitgebundenheit der biblischen Bücher.

historisch

Damit sind wir bei dem Adjektiv „historisch" angelangt. Die zentrale Bezugswissenschaft der klassischen historisch-kritischen Exegese ist die Geschichtswissenschaft. Die methodischen Schritte, mit denen die historisch-kritische Methode die biblischen Texte untersucht, entsprechen weitgehend denjenigen, die die Geschichtswissenschaft zur Untersuchung anderer historischer Texte einsetzt.

Unterscheidung zweier Ebenen

Machen wir uns die Tragweite dieser Voraussetzungen klar: Die historisch-kritische Exegese erfordert die konsequente Unterscheidung zweier Ebenen: einerseits der historischen Ebene, auf der sie Aussagen zu machen versucht, andererseits der Ebene unseres (christlichen?) je individuellen Glaubens, auf der sie keine Aussagen macht. Die Trennung dieser beiden Ebenen fällt nicht immer leicht, hier liegt der Grund für tief greifende Missverständnisse. Dazu zwei Beispiele:

Beispiele

(1) In den folgenden Kapiteln werden wir sehen, dass Paulus eine andere Theologie vertritt als z. B. Matthäus. Die historisch-kritische Methode versucht, diese Theologien so zutreffend wie möglich zu beschreiben, sie bemüht sich also, herauszufinden, welche theologischen Überzeugungen uns einerseits in den paulinischen Briefen, andererseits im Matthäusevangelium begegnen. Sie erlaubt sich aber kein Urteil darüber, in welcher theologischen Überzeugung uns direkter oder unverfälschter das „Wort Gottes" begegnet, welcher neutestamentliche Verfasser oder Text „inspirierter" (von Gott eingegeben) ist.

(2) In den folgenden Kapiteln werden wir außerdem sehen, dass viele neutestamentliche Texte einen längeren Entstehungsprozess durchlaufen haben. Die historisch-kritische Methode versucht, ältere Überlieferungen von jüngeren Hinzufügungen zu unterscheiden, um diesen Entstehungsprozess nachzuzeichnen. Sie behauptet aber nicht, dass die älteren Überlieferungen, etwa Worte des irdischen, historischen Jesus, „göttlicher" oder „inspirierter" seien als jüngere Hinzufügungen durch die Evangelisten. Studierende formulieren manchmal, ein Evangelist habe zu einem Gleichnis etwas „hinzuerfunden". Hier schwingt eine problematische Wertung mit, die durch die historisch-kritische Exegese nicht gedeckt ist. Sie macht eben keine Aussage darüber,

welche Aussagen „inspiriert“ sind. Ältere Überlieferungen können im Hinblick auf eine bestimmte, historische Fragestellung wertvoller sein als jüngere – etwa wenn es darum geht, die Botschaft des historischen Jesus (s. u., Kapitel 2.8) zu rekonstruieren. Dies ist aber eine Wertung unter rein historischer Perspektive, die nichts darüber aussagt, welche Traditionen „göttlicher“ sind.

Gültigkeit biblischer Aussagen

Die historisch-kritische Methode dient nicht dazu, das Göttliche der Bibel vom Menschlichen zu trennen, sodass man dann das Menschliche „abziehen“ könnte und den „reinen, göttlichen Bestand“ übrig hätte. Sie betrachtet *alle* biblischen Texte als Produkte menschlicher Tätigkeit und damit als zeitgebunden. Machen wir uns wiederum an einem Beispiel klar, was das bedeutet: Das Neue Testament enthält einige Texte, in denen „die Juden“ scharf verurteilt werden. In Joh 8,44 heißt es etwa aus dem Munde Jesu, dass „die Juden“ den Teufel zum Vater hätten. Die historisch-kritische Exegese kann zeigen, inwiefern diese Formulierung zeitgebunden ist und aus einem Konflikt zwischen der johanneischen Gemeinde und (anderen) Juden resultiert (s. u., Kapitel 6). Diese Einsicht hat etwas Entlastendes: Wir sind geneigt, sie unter „rein menschlich“ zu verbuchen. Im Rahmen der historisch-kritischen Methode gilt aber dasselbe etwa für das berühmte Hohelied der Liebe in 1Kor 13 mit dem Schlussvers: „Nun aber bleiben Glaube, Hoffnung, Liebe, diese drei; aber die Liebe ist die größte unter ihnen.“ Diese Aussage ist attraktiv, wir sind geneigt, in ihr ein Wort Gottes zu sehen. Aber die historisch-kritische Methode macht hier keinen Unterschied zu Joh 8,44: Auch 1Kor 13 ist zeitgebunden, überliefert von Paulus, der zu einer bestimmten Zeit seine Briefe schrieb (s. u., Kapitel 3). Nun ist es sicher richtig und notwendig, dass wir im Neuen Testament unterscheiden zwischen Aussagen, die wir uns auch heute noch zu eigen machen, und solchen, die wir ablehnen. Diese Unterscheidung können wir aber nicht mit der historisch-kritischen Methode begründen oder rechtfertigen, denn sie erlaubt eben keine Differenzierung nach den Kategorien „menschlicher“ und „göttlicher“.

Die historisch-kritische Exegese befragt einerseits den biblischen Text und sie fragt andererseits „hinter den Text zurück“.

Damit ist gemeint: Die Exegese untersucht biblische Texte daraufhin, wie sie aufgebaut und sprachlich gestaltet sind (hier schlägt sich der Einfluss der Literaturwissenschaft nieder; s. u., Kapitel 2.4, 2.5) und welche (unterschiedlichen) Theologien uns in den einzelnen Schriften begegnen (s. u., Kapitel 2.9). Die Exegese fragt außerdem „hinter den Text zurück". Damit ist gemeint, dass biblische Texte als Zeugnisse vergangener Zeiten angesehen werden. Die neutestamentlichen Texte geben indirekt darüber Aufschluss, wer sie wo aus welchem Anlass für wen verfasst hat (s. u., Kapitel 2.10). Sie können uns etwas über die religiösen, politischen und sozialen Verhältnisse verraten, in denen sie entstanden sind, und wirken insofern wie (mehr oder weniger klare) Fenster zu einer anderen Zeit (s. u., Kapitel 2.11). Man unterscheidet außerdem eine synchrone und eine diachrone Betrachtung der biblischen Texte. Bei der synchronen Betrachtungsweise untersuche ich den biblischen Text in der Gestalt, wie er uns im Neuen Testament vorliegt (s. u., Kapitel 2.2, 2.4, 2.5). Bei einer diachronen Betrachtungsweise versuche ich, die Entstehungsgeschichte eines biblischen Textes zu rekonstruieren (s. u., Kapitel 2.7, 2.8).

Betrachtungsweisen biblischer Texte

2.2 Wie werden neutestamentliche Texte übersetzt?

Übersetzungskritik

Mit dieser Frage beschäftigt sich die Übersetzungskritik. Alle neutestamentlichen Schriften sind ursprünglich in Griechisch verfasst. Exegeten arbeiten mit dem griechischen Text und erstellen ihre eigenen Übersetzungen, denn in jeder Übersetzung steckt bereits ein erhebliches Maß an Interpretation. Das weiß jeder, der schon einmal versucht hat, einen englischen Text zu übersetzen. Laien oder Studienanfänger, die kein klassisches Griechisch können, sind auf die deutschen Bibelübersetzungen angewiesen, die im Handel erhältlich sind. Dabei fällt sofort auf, dass die Übersetzungen erheblich voneinander abweichen. Vergleichen wir drei Übersetzungen von Röm 10,4 (s. dazu auch u., Kapitel 3.3):

Lutherübersetzung 1984	Münchener Neues Testament, 1998	Die Bibel in gerechter Sprache, ²2006
Denn Christus ist des Gesetzes Ende; wer an den glaubt, der ist gerecht.	Denn Ende (des) Gesetzes (ist) Christos zur Gerechtigkeit jedem Glaubenden.	Denn die Thora ist auf den Messias ausgerichtet: Gerechtigkeit wird allen zugesprochen, die vertrauen.

Übersetzung als Interpretation

Für einen detaillierten Übersetzungsvergleich fehlt hier der Platz. Einige Unterschiede fallen jedoch sofort ins Auge: Das Münchener Neue Testament versucht eine möglichst wörtliche Übersetzung, die deshalb holprig wirkt und schwer verständlich. Die Lutherübersetzung ist sprachlich glatter. Die Bibel in gerechter Sprache wählt eine jüdische Begrifflichkeit (Thora für Gesetz und Messias für Christus) und sieht den Messias nicht als Ende, sondern als Ziel der Thora: Sie ist auf den Messias ausgerichtet. Der Messias (hebräisch für: der „Gesalbte") wird in Teilen des Judentums bis heute als Retter erwartet (s. u., Kapitel 3.3). Die Salbung des Hauptes mit Öl versinnbildlicht nach alttestamentlicher Tradition die Begabung mit Kraft und dem göttlichen Geist (vgl. 1Sam 16,12f.). V. a. Könige wurden im alten Israel gesalbt. Der Messias, also der ideale König, der Israel von seinen Feinden retten und es weise und gerecht regieren wird, soll ein Nachkomme des großen Königs David sein, ein „Reis aus dem Stamm Isais" (Jes 11,1), geboren in der Davidsstadt Bethlehem (Mi 5,1). Christen sind davon überzeugt, dass in Jesus dieser erhoffte Messias, also der Christus (griechisch für: der Gesalbte), gekommen ist. Für Juden steht die Ankunft des Messias dagegen noch aus. Alle drei Übersetzungen beruhen auf demselben griechischen Text. Keine der Übersetzungen ist „neutral", auch nicht die wörtlichste, denn schon die Entscheidung, mit welchem deutschen Wort ich ein griechisches übersetze (*nomos* als Thora oder als Gesetz, *telos* als Ende oder als Ziel), ist eine Frage der Interpretation.

2.3 Wie ist der neutestamentliche Text in alten Handschriften überliefert?

Suche nach dem Urtext

Mit dieser Frage beschäftigt sich die Textkritik. Die neutestamentlichen Schriften sind uns in ca. 5000, teils unvollständigen Handschriften aus dem 2.–15. Jahrhundert überliefert, die z. T. erheblich voneinander abweichen. Das Alter einer Handschrift lässt sich aufgrund des Schreibmaterials und der Schreibweise (z. B. Form der Buchstaben, verwendete Abkürzungen) bestimmen. Zwischen den ältesten erhaltenen Handschriften und der Abfassung der neutestamentlichen Schriften klafft eine zeitliche Lücke. Das heißt: Von keiner Schrift des Neuen Testaments besitzen wir das Original bzw. den Urtext. Der Urtext ist der Text, den der neutestamentliche Verfasser niedergeschrieben bzw. diktiert hat. Die Textkritik versucht, diesen Urtext aus den vielen voneinander abweichenden Handschriften zu rekonstruieren. Dazu ordnet und bewertet sie die erhaltenen Handschriften.

Regeln der Textkritik

Da alle neutestamentlichen Schriften auf Griechisch verfasst sind, erfordert die Textkritik eine vertiefte Kenntnis des Griechischen. Ich stelle daher nur einige Regeln der Textkritik vor. Es ist gut nachvollziehbar, dass es beim Abschreiben neutestamentlicher Texte zu Fehlern kam, insbesondere wenn man sich klar macht, dass diese Texte INGROSSBUCHSTABENOHNEZWISCHENRÄUMEGESCHRIEBENWURDEN. Einige Abweichungen sind wohl unbeabsichtigte Versehen. Außerdem ist nachvollziehbar, dass Abschreiber versuchten, Passagen, die ihnen unbeholfen oder fehlerhaft erschienen, zu glätten. Daher ist eine wichtige Regel der Textkritik: Die schwierigere **Lesart**, also die schwierigere Variante einer Textstelle, ist die ursprünglichere. Denn es ist wahrscheinlicher, dass ein Abschreiber eine ursprüngliche Schwierigkeit im Text beseitigte, als dass ein Abschreiber einen glatten Text holprig machte.

Comma Johanneum

Oftmals geht es bei textkritischen Fragen – aus Laiensicht – um Kleinigkeiten. Manchmal kommt es aber zu erheblichen inhaltlichen Abweichungen. So finden sich in den Handschriften zwei Fassungen von 1Joh 5,8. Einmal heißt es: „der Geist, das Wasser und das Blut; und diese drei sind eins." In einigen jüngeren Handschriften lautet derselbe Vers: „Auf der Erde: Geist, Wasser und Blut, und diese drei sind eins *in Christus Jesus; und drei sind es, die Zeugnis geben im Himmel: der Vater, das Wort und der Geist.*“ Der Text, der hier über die ältere Fassung desselben Verses hinausgeht, wird als *Comma Johanneum* bezeichnet (kursiv gesetzt). Die Textkritik muss entscheiden, welche Lesart die ursprünglichere ist. Dazu muss sie erklären, wie es zu der abweichenden Lesart gekommen ist. In diesem Fall lässt sich die längere Fassung so erklären: Abschreiber haben versucht, an dieser Stelle im 1. Johannesbrief, der gegen Ende des 1. Jahrhunderts n. Chr. verfasst wurde, einen Schriftbeweis für die 325/381 n. Chr. formulierte Lehre von der Trinität, also der Dreieinigkeit Gottes in Gott Vater, Gott Sohn und Gott Heiliger Geist, zu schaffen. Umgekehrt ist schwer vorstellbar, dass Abschreiber diese wichtigen Formulierungen weggelassen haben.

2.4 Was geht dem abgegrenzten Text voraus, was folgt ihm?

Abgrenzung

Mit diesen Fragen beschäftigen sich die Abgrenzung und die Kontextanalyse. Zunächst gilt es, den zu untersuchenden Text sinnvoll abzugrenzen, also danach zu fragen, wo ein Sinnabschnitt (Perikope) beginnt und wo er endet. Damit hängen die Fragen zusammen, inwiefern vor dem abgegrenzten Text etwas zu Ende ist und inwiefern nach dem abgegrenzten Text etwas Neues beginnt.

Kontextanalyse

Für einen biblischen Sinnabschnitt ist es von Bedeutung, an welcher Stelle der Gesamtschrift, also etwa eines Evangeliums, er zu stehen kommt. Wählen wir zur Verdeutlichung einen extremen Vergleich: Im Londoner Wachsfigurenkabinett wurde die Figur Hitlers umgestellt: Sie stand in dem Raum der Staatsoberhäupter, dann aber auch im Vorraum zum Gruselkabinett. Es dürfte klar sein, inwiefern hier dieselbe Wachsfigur durch den unterschiedlichen (hier: räumlichen) Kontext eine andere Bedeutung erhält. Ähnlich verhält es sich mit biblischen Perikopen im Rahmen der Ganzschrift: Die Auslegung muss berücksichtigen, was dem Text vorausgeht und was auf ihn folgt.

Leitfragen

Folgende Fragen können bei Abgrenzung und Kontextanalyse hilfreich sein: Wodurch sind Anfang und Ende der Perikope kenntlich gemacht? Wer spricht hier? Wer sind ggf. die Zuhörenden (innerhalb der erzählten Welt)? Welche Situation/Szene geht der Perikope voraus, welche folgt ihr? Welchem größeren Zusammenhang gehört die Perikope ggf. an und welche Stellung nimmt sie darin ein?

Beispiel Mt 22,1–14

Betrachten wir dazu Mt 22,1–14, das sogenannte „Gleichnis vom königlichen Hochzeitsmahl" (s. u., Kapitel 2.6). Die Kapitel- und Verszählungen können nicht zur Begründung der Abgrenzung herangezogen werden, weil sie erst viel später (Kapiteleinteilung: 13. Jahrhundert, allgemein gültige Verseinteilung: 1551) hinzugefügt wurden. Die Abgrenzung ist also sprachlich und inhaltlich zu begründen. In 22,1 heißt es: „Und Jesus fing an und redete wiederum in Gleichnissen zu ihnen …" Mit dieser Formulierung ist ein deutlicher Neueinsatz markiert. In den voraufgehenden Versen (21,45–46) ist davon die Rede, dass die Hohepriester und Pharisäer überlegen, wie sie Jesus verhaften lassen können. Mit „ihnen" in 22,1 sind also in erster Linie die Pharisäer (s. u., Kapitel 3.1) und Hohepriester (s. u., Kapitel 7) gemeint. Sie werden in 22,15 wieder genannt: Die Pharisäer beraten, wie sie Jesus mit einer Frage eine Falle stellen können. Dieses Thema rahmt also 22,1–14. 22,14 schließt mit einem allgemeinen lehrhaften Satz. Das Gleichnis findet sich im letzten Drittel des Evangeliums, das insgesamt 28 Kapitel umfasst. Jesus befindet sich bereits in Jerusalem (vgl. 21,1–11), wo er – nach matthäischer Darstellung – auf Betreiben der Hohepriester und Pharisäer gekreuzigt werden wird.

2.5 Wie ist der Text sprachlich gestaltet?

sprachliche Analyse

Mit dieser Frage beschäftigt sich die sprachliche Analyse, die sich der Literaturwissenschaft verdankt. Die sprachliche Gestaltung eines Textes entscheidet darüber, wie er auf diejenigen wirkt, die ihn lesen.

Leitfragen

Es gibt im Neuen Testament u. a. erzählende (narrative), argumentierende und dichterische (poetische) Texte. Eine detaillierte sprachliche Analyse muss mit dem griechischen Text arbeiten. Allerdings ist es durchaus möglich, sich anhand deutscher Übersetzungen einen Eindruck von der Beschaffenheit des Textes zu machen. Zunächst ist es sinnvoll, sich über den sprachlichen Charakter des Textes Klarheit zu verschaffen: Welche Wortarten dominieren? Welche Satzarten werden verwendet (z. B. Fragen, Aufforderungen etc.)? Wie werden die Sätze miteinander verknüpft? Dann ist es hilfreich, den Text nach sprachlichen (und inhaltlichen) Gesichtspunkten zu gliedern. Speziell bei narrativen Texten können folgende Fragen weiterhelfen: Welche Zeit- und Raumangaben werden gemacht? Welche Personen oder Gegenstände kommen innerhalb des Textes vor, und wie werden diese zueinander in Beziehung gesetzt? (Figurenkonstellationen; Haupt- und Nebenpersonen; wer ist aktiv?; wer ist passiv?) Wie ist der Handlungsverlauf (ggf. Einleitung, Spannungsbogen, Höhepunkt, Schluss)? Schließlich ist zu fragen, wie der Text auf seine Leser wirkt: Werden sie direkt angesprochen? Wo überrascht der Text? Werden bestimmte Gefühle oder Bilder hervorgerufen? Gibt es im Text Kommentare für die Lesenden? Bleiben offene Fragen?

Beispiel Mt 22,1–14

In Mt 22,1–14 haben wir es mit einem narrativen Text zu tun, der in einer Zeit der Vergangenheit eine Geschichte erzählt. Der Erzählstil ist lebendig, insbesondere durch den hohen Anteil an direkter Rede in Form von Aufforderungen und Fragen. Das Gleichnis ist gerahmt durch Vers 1, in dem der situative Rahmen skizziert wird: Jesus spricht zu „ihnen", den Hohepriestern (s. u., Kapitel 7) und Pharisäern (s. u., Kapitel 3.1; vgl. Mt 21,45). In 22,14 finden wir einen allgemeinen Spruch, der nicht mehr in die Welt des Gleichnisses gehört. Der Kontrast zwischen „vielen" und „wenigen" lässt sich nicht ohne Weiteres auf das Gleichnis beziehen. Generell spricht man bei Versen, die eine Art „Lehre" aus einem Gleichnis ziehen, von einer Anwendung.

In 22,2–13 wird das eigentliche Gleichnis erzählt. Hauptfigur ist der König, er ist die Autoritätsfigur, die alle weiteren Handlungen veranlasst. Er ist auch die einzige Figur, deren Äußerungen in direkter Rede wiedergegeben werden. Das Gleichnis spielt in der Zeit der Hochzeitsvorbereitungen für den Sohn des Königs. Räumlich wird unterschieden zwischen Handlungen, die sich außerhalb des königlichen Palastes abspielen (2–10), und Handlungen, die im königlichen Palast stattfinden (11–13). In Vers 13 droht der König dem Gast, ihn in die „äußerste Finsternis" werfen zu lassen. Das Problem, um das sich das Gleichnis dreht, wird in Vers 3 benannt: Die Eingeladenen wollen nicht kommen. Damit ist der Spannungsbogen eröffnet: Wie wird der König reagieren? Er lädt abermals ein (Vers 4), und als die Eingeladenen wiederum nicht kommen wollen, schickt der König ein drittes Mal seine Knechte aus, um alle einzuladen, „die sie trafen, Böse und Gute" (Vers 10). Der Spannungsbogen kommt in Vers 10 zu einem ersten Abschluss, wenn es heißt: „Und der Hochzeitssaal war gefüllt mit Menschen, die zu Tisch lagen." Vers 11 baut einen neuen Spannungsbogen auf: Ein Gast hat kein hochzeitliches Gewand an und kann sich dafür auch nicht rechtfertigen (Vers 12). Der König lässt ihn daraufhin fesseln und in die „äußerste Finsternis" werfen (Vers 13).

Auffällig ist, dass die Verse 6–7 aus dem Raum- und Zeitkontinuum der Erzählung herausfallen. Vers 4 berichtet, dass Ochsen und Mastvieh geschlachtet sind, „alles ist bereit". Die Handlung eskaliert plötzlich. Ging es zunächst um die Einladung zu einer Hochzeitsfeier und die Frage der Annahme oder Ablehnung dieser Einladung, so werden nun plötzlich Knechte getötet, woraufhin der König seine Heere ausschickt, und „ihre Stadt anzündet". In Vers 8 heißt es dann unvermittelt: „Das Hochzeitsfest ist zwar bereit, aber die Gäste waren es nicht wert (eingeladen zu werden)." Wie in den Versen 2–5 geht es nun wieder um die Frage der Annahme oder Ablehnung der Einladung. Die Verse 6–7 wirken daher wie ein Einschub, der die Handlung unterbricht. Die Erzählung lebt von dem Kontrast zwischen der Ablehnung der Einladung durch die Erst- und die Annahme durch die Zweiteingeladenen. Die Leser erleben an zwei Stellen einen Stimmungsumschwung: zum einen in den Versen 6–7, zum anderen in Vers 13 durch die Formulierung: „Dort wird er schreien und (vor Angst) mit den Zähnen knirschen."

2.6 Welche typischen Merkmale weisen einzelne neutestamentliche Texte auf?

Form- oder Gattungskritik

Mit dieser Frage beschäftigt sich die Formkritik oder auch Gattungskritik. Texte lassen sich in bestimmte literarische Textformen oder Textgattungen gruppieren, die jeweils typische sprachliche Merkmale aufweisen und eine spezifische Art der Auslegung erfordern. Wir kennen dieses Phänomen auch heute: Ein Zeitungsartikel sieht anders aus als ein Brief oder ein Märchen, und wenn ich ein Märchen als Zeitungsbericht verstehe, entstehen gravierende Missverständnisse. Ähnlich ist es bei neutestamentlichen Texten. Auch hier finden wir bestimmte Formen oder Gattungen, und es ist wichtig, danach zu fragen, welcher Gattung ein biblischer Text zugehört.

Forschungsgeschichte

Die klassische Form- oder Gattungskritik geht davon aus, dass in den neutestamentlichen Texten kleinere Einheiten – etwa eine Wundererzählung – enthalten sind, die ursprünglich selbstständig mündlich oder schriftlich überliefert wurden. V. a. die mündliche Überlieferung war geprägt von „reinen Formen", die z. T. erst einmal aus den uns vorliegenden biblischen Texten rekonstruiert werden müssen. Die klassische Formkritik versuchte auch, diese „reinen Formen" bestimmten typischen Verwendungssituationen – etwa der urchristlichen Predigt – zuzuordnen (Sitz im Leben). Gegenüber diesen Annahmen der klassischen Formkritik gibt es heute Vorbehalte: Es wird inzwischen für historisch unwahrscheinlich gehalten, dass es ursprünglich die „reinen Formen" und später zunehmend auch „Mischformen" gab. Vielmehr muss von Beginn an auch mit „Mischformen" gerechnet werden. Die Chance, bestimmten Formen einen ursprünglichen „Sitz im Leben" zuordnen zu können, wird heute skeptischer beurteilt. Grundsätzlich ist fraglich, ob wir aus den uns vorliegenden Texten überhaupt zuverlässig bestimmte mündliche Vorstufen herausschälen können. Trotz dieser Bedenken bleibt die Grundeinsicht, dass uns im Neuen Testament unterschiedliche Gattungen begegnen.

Groß- und Kleingattungen

Im Neuen Testament finden wir vier Großgattungen: Briefe (s. u., Kapitel 3.2), Evangelien (s. u., Kapitel 4), eine Apostelgeschichte (s. u., Kapitel 5) und eine Offenbarung oder Apokalypse (s. u., Kapitel 8). Innerhalb dieser Großgattungen finden wir mehrere Kleingattungen, z. B. die Passionsgeschichte, d. h. die Erzählung vom Leiden und Sterben Christi (vgl. Mk 14–15), Gebete (vgl. Mt 6,9–13; par [= Parallele] Lk 11,2–4), Hymnen, d. h. Lobgesänge in poetischer Sprache (vgl. Phil 2,6–11), Haustafeln, d. h. Reihen von kurzen Anweisungen an die verschiedenen Gruppen einer christlichen Hausgemeinschaft (vgl. Eph 5,21–6,9), Tugendkataloge, d. h. die Aufzählung elementarer Tugenden (vgl. Gal 5,22–23), Lasterkataloge, d. h. die Aufzählung verabscheuungswürdiger Taten (vgl. Röm 1,29–31; Gal 5,19–21). Für die synoptischen Evangelien sind drei weitere Formen von Bedeutung: Streitgespräche, Wundererzählungen und Gleichnisse.

Streit- oder Schulgespräche

Streitgespräche sind Diskussionen, die Jesus mit jüdischen Schriftgelehrten, also ausgebildeten Kennern der jüdischen Schriften, Pharisäern (s. u., Kapitel 3.1) und Sadduzäern in strittigen religiösen Fragen führt. Bei den Sadduzäern handelt es sich um eine elitäre Gruppe innerhalb des Judentums, die die Lehre von der Auferstehung der Toten ablehnt (vgl. Mk 12,18–27). Der Begriff des „Streitgesprächs“ ist insofern problematisch, als er eine aggressive Note enthält, die den entsprechenden Texten nicht immer gerecht wird. Einige Exegeten betonen daher die Nähe zum jüdischen Schulgespräch. Streit- oder Schulgespräche zeichnen sich formal durch äußerste Knappheit aus. Der szenische Rahmen wird nur skizziert, häufig fehlt eine genauere Charakterisierung der Gesprächspartner Jesu. Die Gespräche enden oft mit einem pointierten Wort Jesu, die Reaktion der Gesprächspartner wird nicht mehr erwähnt (vgl. Mk 2,15–17). Die Streit- oder Schulgespräche sind u. a. deshalb interessant, weil sie Aufschluss über die Stellung Jesu innerhalb der religiösen Strömungen des Judentums seiner Zeit geben.

Wundererzählungen

Wundererzählungen handeln davon, dass ein Wundertäter – meist, aber nicht immer Jesus – punktuell die Grenzen des menschlich eigentlich Möglichen übersteigt. Innerhalb der Gattung werden, v. a. nach inhaltlichen Gesichtspunkten, mehrere Untergattungen unterschieden, wobei die Einteilung nicht einheitlich ist. Der Heidelberger Neutestamentler Gerd Theißen unterscheidet in seinem Werk über urchristliche Wundergeschichten:

- Exorzismen, bei denen der Wundertäter einen Dämon besiegt (z. B. Mk 1,21–28),
- Therapien, bei denen der Wundertäter einen Menschen heilt (z. B. Mk 7,32–37),
- Epiphanien (Erscheinungswunder), bei denen Personen göttlich erscheinen (z. B. Mk 6,45–51),
- Rettungswunder, bei denen Natur- und Staatsmacht besiegt werden (z. B. Mk 4,35–41; Apg 12,1–19),
- Geschenkwunder, bei denen materielle Güter überraschend bereitgestellt werden (z. B. Mk 8,1–10) und
- Normenwunder, die heilige Forderungen durchsetzen wollen. Sie unterscheiden sich danach, ob sie Normen begründen (z. B. Mk 2,1ff.), das Befolgen gültiger Normen belohnen (z. B. Apg 28,1–6), oder normwidriges Verhalten bestrafen (z. B. Apg 5,1–11).

Pool an Motiven in Wundererzählungen

Wundererzählungen haben einen typischen Aufbau und setzen sich – nach einem Baukastenprinzip – variabel aus einem bestimmten „Pool" an Motiven zusammen (nach Theißen, 1998, 83):

Einleitung (einleitende Motive)	1. Kommen des Wundertäters 2. Auftreten der Menge Auftreten von: 3. Hilfsbedürftigen 4. Stellvertretern 5. Gesandtschaften 6. Gegnern 7. Motivation des Auftretens von Gegenspielern

Exposition (expositionelle Motive) (Darlegung der Bedingungen der Krankheit, Not etc.)	8. Charakterisierung der Not Annäherung an den Wundertäter 9. Erschwernis 10. Niederfallen 11. Hilferufe 12. Bitten und Vertrauensäußerung Zurückweichen 13. Missverständnis 14. Skepsis und Spott 15. Kritik 16. Gegenwehr des Dämons Verhalten des Wundertäters 17. Pneumatische Erregung 18. Zuspruch 19. Argumentation 20. Sich-Entziehen
Mitte (zentrale Motive)	21. Szenische Vorbereitung Wunderhandlung 22. Berührung 23. Heilende Mittel 24. Wunderwirkendes Wort 25. Gebet 26. Konstatierung des Wunders
Schluss (finale Motive)	Gegenspieler: 27. Demonstration Wundertäter: 28. Entlassung 29. Geheimhaltungsgebot Zwischenspieler: 30. Admiration (Staunen, Fürchten, Sich-Entsetzen, Verwundern etc.) 31. Akklamation (sprachlich artikulierte Stellungnahme zu Wunder oder Wundertäter) 32. Ablehnende Reaktion 33. Ausbreitung des Rufes

Was steckt hinter den Wundererzählungen? Sind die Wunder wirklich passiert? Diese Fragen treiben uns „moderne“ Menschen beim Lesen der Wundergeschichten um.

Auslegungsmodelle zu Wundererzählungen

In der Forschung werden und wurden unterschiedliche Auslegungsmodelle vertreten. Nach dem supranaturalistischen Modell sind Wunder punktuelle Eingriffe in die Welt, mit denen Gott die ansonsten geltenden, von ihm gestifteten Gesetzmäßigkeiten punktuell durchbricht. Das rationalistische Modell hingegen sieht hinter den Wundererzählungen „normale", rational erklärbare Vorgänge. Z. B. wird der Seewandel Jesu so erklärt, dass auf dem See Genezareth gerade Bauhölzer herumschwammen. Die mythische Deutung rückte ab von der Frage, was damals passiert sei, und stellte die Frage in den Mittelpunkt, was die Texte uns heute sagen wollen. Es gehe bei den Wundergeschichten um eine bestimmte Idee: Jesus präsentiert sich in ihnen als der Gesalbte (s. o., Kapitel 2.2), der alle alttestamentlichen Propheten überbietet. Da (in unserem Alten Testament) vom Propheten Elisa ein Speisungswunder erzählt wurde (2Kön 4,42–44), musste Jesus ein noch größeres Wunder tun.

Die Unterscheidung zwischen der Frage nach der Geschichtlichkeit der Wunder (also der Frage, ob sie so passiert sind) und der Frage nach dem religiösen Sinn der Wundererzählungen ist bis heute von Bedeutung. Wundergeschichten werden z. B. als symbolische Geschichten gelesen (die etwa davon handeln, dass einem Menschen die Augen für Jesus geöffnet werden), oder als Hoffnungsgeschichten, die davon handeln, dass Jesus die Not – und damit auch unsere Not – wenden kann.

Gleichnisse

Gleichnisse sind narrative Texte, die bildlichen Charakter haben. Sie weisen auf eine zweite Aussage-Ebene, z. B. durch die Einleitung: „Womit sollen wir die Gottesherrschaft vergleichen, und durch welches Gleichnis sollen wir es abbilden? Es ist wie ein Senfkorn …" (Mk 4,30–31). Innerhalb der Gattung „Gleichnisse" werden mehrere Untergattungen unterschieden: Das „Gleichnis im weiteren Sinn" umfasst drei Untergattungen: die Parabel, die Beispielerzählung und das „Gleichnis im engeren Sinn".

Parabel

Die Parabel erzählt ausführlich in einer Zeit der Vergangenheit einen besonderen, einmaligen Einzelfall. Der einmalige, besondere Charakter des Erzählten erfordert eine eigene Deutung (z. B. die Parabel vom königlichen Hochzeitsmahl, Mt 22,1–14).

Beispielerzählung

Die Beispielerzählung erzählt ebenfalls ausführlich in einer Zeit der Vergangenheit einen besonderen, einmaligen Einzelfall, wobei die erzählte Geschichte die gemeinte Sache – anders als bei der Parabel – unmittelbar verdeutlicht. Sie zielt auf eine ethische Anwendung, die Erzählfiguren werden zum Modell für das eigene Handeln (z. B. die Beispielerzählung vom barmherzigen Samariter Lk 10,30–35 als Beispiel für vorbildliches Verhalten).

Gleichnis im engeren Sinn

Das Gleichnis im engeren Sinn erzählt knapp in einer Zeit der Gegenwart einen typischen, sich oft wiederholenden Vorfall. Es greift auf allgemeines Erfahrungswissen zurück, eine gesonderte Deutung ist damit überflüssig (z. B. die Gleichnisse vom Wachsen der Saat (Mk 4,26–29) und vom Senfkorn (Mk 4,30–32).

Allegorie

In den Bibelübersetzungen werden diese Texte oft einheitlich von den Herausgebern als „Gleichnisse“ bezeichnet. Damit ist der Oberbegriff gemeint. Vom Gleichnis im weiteren Sinne ist die Allegorie zu unterscheiden. Sie besteht aus einer Aneinanderreihung von Bildelementen, die jeweils bestimmte Aspekte der eigentlich gemeinten Sache verschlüsseln (z. B. Mt 21,33–46).

Problematik der klassischen Untergattungen von Gleichnissen

Zu dieser klassischen Unterscheidung ist einschränkend folgendes zu sagen: Sie geht zurück auf das zweibändige Werk „Die Gleichnisreden Jesu“ von Adolf Jülicher (1857–1938, die Bände sind 1886 und 1898 erschienen), ist also bereits über 100 Jahre alt. Die Untergattung der Beispielerzählungen ist schon seit Längerem umstritten, nicht zuletzt deswegen, weil Jülicher ihr nur vier Texte zuordnete: neben dem Gleichnis vom barmherzigen Samariter (Lk 10,30–35) das Gleichnis vom reichen Kornbauern (Lk 12,16–21), das Gleichnis vom armen Mann und reichen Lazarus (Lk 16,19–31) und das Gleichnis vom Pharisäer und Zöllner (Lk 18,9–14). Es scheint kaum gerechtfertigt, für vier Texte eine eigene Untergattung „aufzumachen“, zumal diese der Parabel in sprachlicher Hinsicht stark ähnelt. Neuerlich gerät auch die Unterscheidung zwischen Parabel und Gleichnis im engeren Sinn in die Kritik. Denn es fällt auf, dass dieselben Texte von einigen Exegeten als Parabel, von anderen als Gleichnis im engeren Sinn klassifiziert werden. So sieht Jülicher im Gleichnis vom verlorenen Schaf (Lk 15,4–7) eine Parabel, der Theologe Rudolf Bultmann (1884–1976) hingegen ein Gleichnis im engeren Sinne. Das Kriterium der Erzählzeit (Präsens oder Vergangenheit) ist überall dort problematisch, wo Zeitmischungen auftreten (z. B. Mt 13,44). Außerdem fragt sich, welche Vorfälle nach antikem Verständnis außergewöhnlich und welche alltäglich waren. Welcher Vater würde sich nicht über die Rückkehr seines verloren geglaubten Sohnes freuen?

klassische Auslegung von Gleichnis und Allegorie

Wie verhält es sich mit der Unterscheidung zwischen Gleichnis im weiteren Sinn und Allegorie? Jülicher ging es darum, das Gleichnismaterial strikt von der Allegorie zu unterscheiden. Diese Unterscheidung hatte Auswirkungen auf die Art, wie die Texte zu deuten seien. Jülicher unterschied zwischen einer Bild- und einer Sachhälfte. Die Bildhälfte entspricht der Erzählung, die Sachhälfte meint die Deutung der Erzählung. Die Beziehung zwischen Bild- und Sachhälfte ist nach Jülicher bei der Allegorie eine grundlegend andere als bei dem Gleichnis im weiteren Sinn: Während bei der Allegorie jedes einzelne Element der Bildhälfte in die Sachhälfte zu übertragen ist, läuft das Gleichnis im weiteren Sinn in der Bildhälfte auf einen einzigen Vergleichspunkt zu („tertium comparationis"). Vor Jülicher war es üblich, auch die Gleichnisse im weiteren Sinn allegorisch zu deuten. Man sah etwa im verlorenen Sohn den Sünder, im Vater Gott, in den Schweinen die Versuchungen der Menschen etc. Diese Art der Deutung sei aber – so Jülicher – nur bei Allegorien angemessen, nicht jedoch bei Gleichnissen im weiteren Sinn. Hier müsse man vielmehr fragen, worauf die Erzählung zulaufe, etwa auf die grundlos vergebende Liebe Gottes. Man dürfe eben nicht zwanghaft alle Einzelelemente der Bildhälfte in die Sachhälfte übertragen.

neuere Auslegung von Gleichnissen

Die neuere Gleichnisforschung hält grundsätzlich an der Unterscheidung zwischen Allegorie und Gleichnissen im weiteren Sinn fest: Bei der Allegorie handele es sich um die bildhafte „Verkleidung" bestimmter Motive (s. u.). Die Bildhälfte ist daher manchmal in sich nicht stimmig, sie lässt sich vollständig in die Sachhälfte auflösen. Bei den Gleichnissen im weiteren Sinn haben wir es dagegen mit „echten" Geschichten zu tun, die sich nie vollständig in Sachaussagen übersetzen lassen, sondern immer einen gewissen Deutungsüberschuss bieten, sich also nicht auf *eine* Anwendung „festnageln" lassen. Gleichwohl gesteht die neuere Exegese zu, dass Gleichnisse im weiteren Sinn mehrere Signale auf die vom Leser zu konstituierende Deutungsebene enthalten können (sogenannte „Transfersignale"). Das Einrichten einer zweiten Aussageebene geschieht durch die Rahmung des Gleichnisses, durch Verknüpfungen zum unmittelbaren Kontext, durch Verknüpfungen zu benachbarten Gleichnissen und durch traditionell geprägtes Gut, also bestimmte Wörter oder Motive, die bei den Lesern gewisse Assoziationen hervorrufen.

Beispiel Mt 22,1–14

Bei Mt 22,1–14 handelt es sich nach der klassischen Einteilung um eine Parabel: Ein ungewöhnlicher Vorfall wird ausführlich in einer Zeit der Vergangenheit erzählt. Der Evangelist hat die Parabel allerdings „allegorisiert", d. h. er hat mit den Versen 6–7 einen Erzählzug eingefügt, der die Bildhälfte sprengt und den Leser auf eine bestimmte Sachaussage hinweist (s. u., Kapitel 2.9). Aber schon in Vers 2 wird der Leser durch die „Themenangabe" („Das Himmelreich gleicht einem König" etc.) aufgefordert, eine Deutungsebene aufzubauen, in der ein Bezug zwischen der folgenden Erzählung und dem Himmelreich besteht. Die Anwendung in Vers 14 richtet die Erzählung aus auf die vielen, die berufen, und die wenigen, die auserwählt sind. Wie dieser Bezug genauer aussehen könnte, ist allerdings noch nicht gesagt (s. u., Kapitel 2.9).

Unmittelbar vor dieser Parabel findet sich die Parabel von den bösen Weinbergspächtern (21,33–46). Zwischen beiden Parabeln gibt es gewisse Parallelen: Mt 21,33–46 kontrastiert diejenigen, denen der Weinberg genommen wird, mit denjenigen, denen er gegeben wird (Vers 41; vgl. Vers 43). Mt 22,1–14 kontrastiert – wie gesehen – diejenigen, die die Einladung ablehnen, mit denjenigen, die sie annehmen.

Die Deutung der Parabeln muss auf diese Parallelität Rücksicht nehmen (s. u., Kapitel 2.9). Der matthäische Jesus, also der Jesus, wie das Matthäusevangelium ihn darstellt (vgl. dazu Kapitel 2.8), erzählt die Parabel vom königlichen Hochzeitsmahl, als er bereits in Jerusalem eingetroffen ist, wo er gekreuzigt werden wird. Dieser Kontext ist für die Deutung von Vers 7 wichtig, wo von „ihrer Stadt" die Rede ist (s. u., Kapitel 2.9). Der König ist eine Figur, die bereits im Alten Testament oft Gott repräsentiert (vgl. z. B. Jes 6,5; 43,1–15; Psalmen; Num 23,21). Es ist daher anzunehmen, dass die Hörer der Parabel bei dieser Figur aufgrund der traditionellen, alttestamentlichen Prägung spontan an Gott dachten. Es ergeben sich also folgende Transfersignale: die „Anwendung" (s. o.) in Vers 14, die Themenangabe in Vers 2, die Sprengung der Handlung in den Versen 6–7, die Figur des Königs. Wie diese einzelnen Transfersignale zusammenwirken, werden wir unten sehen (Kapitel 2.9).

2.7 Welche schriftlichen Quellen sind in einem neutestamentlichen Text verarbeitet?

Literarkritik

Mit dieser Frage beschäftigt sich die Literarkritik (nicht: Lite*ratur*kritik). Die Exegese nimmt an, dass die Verfasser neutestamentlicher Schriften – insbesondere die Evangelisten – nicht „bei Null" angefangen haben, sondern Material, das ihnen bekannt war, in ihre Evangelien eingearbeitet haben. Bei diesem Material konnte es sich entweder um Traditionen handeln, die die Evangelisten mündlich erzählt bekommen hatten (s. u., Kapitel 2.8), oder aber um Quellen, die ihnen schriftlich vorlagen. Die Literarkritik fragt nach diesen schriftlichen Quellen. Wie kann man herausbekommen, ob jemand eine schriftliche Quelle benutzt hat? Die Literarkritik achtet hier besonders auf inhaltliche Spannungen und Widersprüche in neutestamentlichen Texten und fragt, ob sich diese Spannungen so erklären lassen, dass der Text aus mehreren literarischen „Schichten" besteht. Damit ist gemeint, dass z. B. das Johannesevangelium (s. u., Kapitel 6) zunächst in einer älteren, uns nicht überlieferten Fassung existierte und dann in einem zweiten Schritt von anderen Personen überarbeitet wurde mit der Absicht, bestimmte Aussagen zu „korrigieren". Ähnlich wie die Archäologie versucht, z. B. in einem Gestein unterschiedliche Schichten voneinander abzuheben, versucht die Literarkritik, in einem biblischen Text unterschiedliche Schichten voneinander zu trennen. Neuerlich sind die Fachleute allerdings zunehmend skeptisch, ob das gelingen kann. Denn Spannungen und Widersprüche lassen sich ja auch mit dem schriftstellerischen Unvermögen des Verfassers erklären – vielleicht waren die „Brüche“ (wie wir sie empfinden!) aber auch beabsichtigt.

Etwas verlässlicher liegen die Dinge bei den synoptischen Evangelien, also dem Matthäus-, dem Markus- und dem Lukasevangelium. Diese drei Evangelien weisen erhebliche Übereinstimmungen auf, und zwar bis in den Wortlaut und die Reihenfolge der Einzeltexte hinein. Dabei ist zu differenzieren: Einerseits finden sich erhebliche Übereinstimmungen zwischen allen drei Evangelien, andererseits gibt es zusätzlich erhebliche Übereinstimmungen zwischen Matthäus und Lukas bei Texten, die das Markusevangelium nicht bietet („major agreements“). Dieser Befund ist unter historisch-kritischer Perspektive am plausibelsten so zu erklären, dass die Evangelisten voneinander abgeschrieben haben. In diesem Fall liegt uns die schriftliche Quelle also vor!

Randbemerkung

Nur zur Erinnerung: Mit dieser Aussage werden die Evangelien nicht ihres Wertes, ihrer Qualität als „Wort Gottes“ beraubt. Wir assoziieren heute mit der Vorstellung des „Abschreibens“ einen unerlaubten Raub fremden geistigen Eigentums. Diese Vorstellung ist antiken Menschen weitgehend fremd. Die Frage, ob bzw. inwiefern sich in einem abgeschriebenen und bearbeiteten Text der Geist Gottes ausdrückt, liegt jenseits der Fragestellung der Literarkritik, ja der gesamten historisch-kritischen Exegese (s. o., Kapitel 2.1).

synoptische Frage

In einer „Synopse“ (wörtlich: „Zusammenschau“) werden die Übereinstimmungen zwischen dem Matthäus-, dem Markus- und dem Lukasevangelium deutlich gemacht, indem jedes Evangelium in einer Spalte abgedruckt wird und die parallelen Textpassagen nebeneinander zu stehen kommen. Die synoptische Frage untersucht, wer von wem abgeschrieben haben könnte.

Markus als ältestes Evangelium

Die neutestamentliche Forschung hat im Laufe der Jahrzehnte unterschiedliche Modelle zur Beantwortung dieser Frage favorisiert. Lange Zeit wurde mehrheitlich die Priorität des Matthäusevangeliums angenommen, d. h. das Matthäusevangelium galt als das älteste und man nahm an, dass Markus und Lukas unabhängig voneinander bei Matthäus abgeschrieben hätten. Allerdings tun sich bei diesem Modell erhebliche Schwierigkeiten auf. Das Matthäusevangelium zeichnet sich u. a. durch große, durchkomponierte Redekomplexe aus, allen voran die Bergpredigt in Mt 5–7 (s. u., Kapitel 4.2). Sowohl Lukas als auch Markus bieten nur – z. T. zerstreute – Versatzstücke dieser Reden. Wir müssten also annehmen, dass sowohl Lukas als auch Markus die matthäischen Reden zerschlagen bzw. ganz weggelassen hätten. Das ist kaum durchgängig plausibel zu machen. Diese Überlegung spricht dafür, von einer Markuspriorität auszugehen. Matthäus und Lukas hätten dann gegenüber ihrer Vorlage kaum Passagen weggelassen, sondern im Gegenteil Texte hinzugefügt.

Zwei-Quellen-Theorie

Die Markuspriorität kann die Übereinstimmungen zwischen allen drei Evangelien erklären. Wie aber lassen sich die *„major agreements“* (s. o.) erklären? Zunächst liegt die Annahme nahe, dass entweder Lukas von Matthäus oder Matthäus von Lukas abgeschrieben hat. Wie lassen sich diese Hypothesen überprüfen? Wir können beobachten, dass die Evangelisten ihre schriftliche Vorlage – also das Markusevangelium – nicht sklavisch übernehmen, sondern in ihrem Sinn bearbeiten. Wenn wir annehmen, dass Lukas von Matthäus abgeschrieben hat, müssten sich im Lukasevangelium zumindest an einigen Stellen auch Spuren einer matthäischen Bearbeitung – gegenüber der markinischen Vorlage – erhalten haben. Wenn wir umgekehrt annehmen, dass Matthäus bei Lukas abgeschrieben hat, müssten wir annehmen, dass sich im Matthäusevangelium an einigen Stellen Spuren der lukanischen Bearbeitung erhalten haben. Weder das eine noch das andere ist der Fall. Die exegetische Mehrheitsmeinung erklärt die *„major agreements“* daher heute durch die Annahme einer – neben dem Markusevangelium – zweiten schriftlichen Quelle, die Matthäus und Lukas unabhängig voneinander benutzt haben. Dieses Modell wird als „Zwei-Quellen-Theorie“ bezeichnet.

Spruch- oder Logienquelle

Man nennt diese zweite Quelle „Spruchquelle“ oder auch „Logienquelle“, abgekürzt wird sie mit dem Buchstaben Q. Wohlgemerkt: Wir besitzen von dieser Quelle keine einzige Handschrift. Die Quelle stellt eine Hypothese dar, um die *„major* *agreements*" zu erklären. Ein synoptischer Vergleich lässt vermuten, dass die Quelle Q folgende Texte enthielt (nach Jürgen Roloff, 1995, 78f.):

- Jesu Anfänge: Auftreten und Bußpredigt des Täufers, Taufe und Versuchung Jesu (Lk 3,2–4,13)
- programmatische Rede von der Gottesherrschaft (Lk 6,20–7,10)
- Jesu Verhältnis zu Johannes dem Täufer (Lk 7,18–30)
- Aussendung der Jünger (Lk 9,57–10,24)
- Jesu Lehre vom Beten (Lk 11,2–13; hier findet sich das Vaterunser!)
- Jesu Kampf mit seinen Gegnern (Lk 11,14–52)
- vom Bekenntnis (Lk 12,1–14)
- vom Sorgen (Lk 12,22–53)
- Gleichnisse und Bildworte (Lk 12,54–16,13)
- von der Verantwortung (Lk 17,1–6)
- von den Endereignissen: beginnend mit der Warnung vor den falschen Messiassen (s.o., Kapitel 2.2), endend mit dem Gleichnis vom anvertrauten Geld (?) (Lk 17,22–19,27).

Auffällig ist nach dieser Zusammenstellung, dass die Logienquelle keine Passionserzählung enthielt.

Schwierigkeiten der Zwei-Quellen-Theorie

Der rein hypothetische Charakter der Quelle Q ist die größte Schwachstelle der Zwei-Quellen-Theorie. Da wir die Quelle Q nicht besitzen, sondern nur aus den „*major agreements*" rekonstruieren können, lehnen einige Forscher – insbesondere im angelsächsischen Raum – die Zwei-Quellen-Theorie ab. Die Zwei-Quellen-Theorie kann außerdem eine dritte Beobachtung, die wir beim Vergleich der synoptischen Evangelien machen, nicht erklären. Es gibt neben den „*major agreements*" Übereinstimmungen zwischen Matthäus und Lukas gegen Markus in Texten, die Markus grundsätzlich auch bietet. Man spricht hier von den „*minor agreements*". Betrachten wir dazu folgendes Beispiel:

Mt 13,31–32	Mk 4,30–32	Lk 13,18–19
Ein anderes Gleichnis legte er ihnen vor und sprach: Das Reich der Himmel ist gleich einem Senfkorn, *das ein Mensch nahm* und auf seinen Acker säte. Dieses ist zwar kleiner als alle [andern] Samenarten; wenn es aber herangewachsen ist, so ist es größer als alle Gartengewächse und wird ein *Baum*, sodass die Vögel des Himmels kommen und in seinen *Zweigen* nisten.	Und er sprach: Wie sollen wir das Reich Gottes abbilden oder unter welchem Gleichnis sollen wir es darstellen? [Es ist] gleich einem Senfkorn, das, wenn es in die Erde gesät wird, kleiner ist als alle [andern] Samenarten auf Erden; Und wenn es gesät wird, geht es auf und wird größer als alle Gartengewächse und treibt große Zweige, so dass die Vögel des Himmels unter seinem Schatten nisten können.	Er sprach nun: Wem ist das Reich Gottes gleich, und womit soll ich es vergleichen? Es ist gleich einem Senfkorn, *das ein Mensch nahm* und in seinen Garten legte. Und es wuchs und wurde zum *Baum*, und die Vögel des Himmels nisteten in seinen *Zweigen*.

Die hervorgehobenen Passagen markieren die Übereinstimmungen zwischen Matthäus und Lukas gegen Markus – obwohl auch Markus das sogenannte Gleichnis vom Senfkorn bietet.

Wie lassen sich die „*minor agreements*“ erklären? Viele Exegeten nehmen an, dass Matthäus und Lukas eine Version des Markusevangeliums benutzt haben, die mit der uns vorliegenden nicht identisch ist. Man spricht von einem „anderen“ Markus (Deuteromarkus). Diese Erklärung ist plausibel, führt aber neben der hypothetischen Quelle Q eine weitere Hypothese ein: nämlich die des Deuteromarkus, dessen Existenz wir ebenfalls nicht durch irgendwelche Handschriften absichern können.

Sondergut

Matthäus und Lukas bieten außerdem Material, das in den anderen synoptischen Evangelien ohne Parallele ist. Diese Texte können entweder selbstständig vom jeweiligen Evangelisten verfasst worden sein oder der Evangelist greift hier Traditionen auf, die nur in seiner Gemeinde bekannt waren. Bei diesen Traditionen spricht man von Sondergut.

synoptischer Vergleich Mt 22,2–10/ Lk 14,16–24

Betrachten wir abschließend wiederum Mt 22,1–14. Ein Blick in die Synopse zeigt, dass Mk keine Parallele bietet; Lk 14,16–24 bietet eine Parallele zu Mt 22,2–10, nicht aber zu Mt 22,11–14. Es fragt sich also – wenn wir der Zwei-Quellen-Theorie folgen –, ob Mt 22,2–10 und Lk 14,16–24 auf einer gemeinsamen Vorlage aus der Logienquelle beruhen. Um hier zu einem begründeten Urteil zu kommen, müssen wir beide Versionen zunächst vergleichen.

Mt 22,1–10	Lk 14,16–24
König, Hochzeit, Sohn	Mensch, Festmahl, Knecht
1. Einladung *durch mehrere Knechte* (22,3a) Ablehnung (22,3b) 2. Einladung durch „andere Knechte“ (22,4) Ablehnung (22,5)	1. Einladung an „viele“ (14,17) Drei Entschuldigungen (14,18–21a)
Tötung der Knechte, Zorn des Königs, Ausschicken der Heere, Zerstörung der Stadt (22,6–7) *Schlussfolgerung: „Die Gäste waren es nicht wert.“ (22,8)*	Zorn des Herrn (14,21b)
3. Einladung, „wen ihr findet“ (22,9) „Böse und Gute“ kommen, der Festsaal wird voll (22,10).	*2. Einladung an Menschen in der Stadt (14,21c)* *Es ist noch Platz (14,22).* *3. Einladung an Menschen außerhalb der Stadt, „damit mein Haus voll wird“ (14,23).*

Erklärung der Unterschiede zwischen Mt 22,1–10 und Lk 14,16–24

Die Unterschiede müssen dann als Abweichungen von der Q-Fassung – entweder durch Matthäus oder durch Lukas – wahrscheinlich gemacht werden. Jürgen Becker (1995, 205) argumentiert in etwa so: Lukas blieb im ersten Teil der Erzählung näher an der Vorlage (Lk 14,16–21a), Matthäus im zweiten Teil (Mt 22,8–10). Matthäus nimmt gegenüber der ihm vorliegenden Fassung aus Q folgende Änderungen vor (*kursiv*): Er macht aus dem

Menschen einen König, aus dem Festmahl ein Hochzeitsmahl für seinen Sohn. Er ergänzt die Verse 6–7, die vom Ausschicken der Heere und von der Zerstörung der Stadt erzählen. Hier spielt Matthäus auf die Zerstörung Jerusalems im Jahr 70 n. Chr. durch die Römer an. Aus dem einen Knecht macht Matthäus mehrere Knechte. Sie stehen für die alttestamentlichen Propheten, die von Gott geschickt werden, auf deren Botschaft sein Volk aber nicht hört. Lukas ändert ebenfalls gegenüber der Vorlage in Q (*kursiv*): Zunächst erfolgt bei ihm die Einladung in der Stadt (= judenchristliche Mission), die den Raum unbegründeterweise nicht füllt, sich aber als Vorbereitung einer zweiten Einladung außerhalb der Stadt (= heidenchristliche Mission) gut eignet."

Rekonstruktion der Q-Fassung zu Mt 22,2–10/ Lk 14,16–24

Becker rekonstruiert dann folgende Q-Fassung, indem er die Änderungen durch Matthäus bzw. Lukas von den uns vorliegenden Versionen „abzieht": „Ein Mann bereitete ein Mahl zu. Und zur Stunde des Mahls sandte er einen Knecht aus, den Geladenen zu sagen: ‚Kommt, denn es ist schon alles bereit!' Aber auf einmal begannen alle sich zu entschuldigen. Der erste sagte ihm: ‚Ich habe einen Acker gekauft und muss unbedingt hinausgehen (und) ihn ansehen. Ich bitte dich, halte mich für entschuldigt.' Ein anderer sagte: ‚Ich habe fünf Joch Ochsen gekauft und will gerade gehen, sie zu begutachten. Ich bitte dich, halte mich für entschuldigt.' Ein anderer sagte: ‚Ich habe eine Frau geheiratet, und darum kann ich nicht kommen.' Und der Knecht kam zurück und berichtete das seinem Herrn. Da wurde der Hausherr zornig und sprach zu seinem Knecht: ‚Schnell, geh hinaus auf die Straßen, und wen du findest, den führe hier herein!' Und der Knecht zog los und tat, wie ihm befohlen, sodass das Haus voll wurde."

2.8 Welche Traditionen spiegeln sich in einzelnen neutestamentlichen Texten?

Traditionsgeschichte

Mit dieser Frage beschäftigt sich die Traditionsgeschichte. Sie untersucht die Herkunft und die Überlieferungsgeschichte von Traditionen, also von geprägten Formen. Die Traditionsgeschichte hat damit eine doppelte Ausrichtung: Sie dient zum einen dazu, die Entstehungsgeschichte eines Textes jenseits der

Frage nach schriftlichen Quellen (s. o., Kapitel 2.7) zu erhellen, und sie dient zum anderen dazu, den neutestamentlichen Bedeutungsspielraum einzelner Motive und Begriffe zu erschließen. Es geht dabei um die Frage, welche Vorstellungen die ersten Leser neutestamentlicher Texte mit bestimmten Wörtern und Themenaspekten verbanden.

geprägte Traditionen in Mt 22,1–14

Beginnen wir mit dem zweiten Aspekt: Wir haben gesehen, dass Matthäus in Mt 22,1–14 aus dem Mann einen König, aus dem Festmahl ein Hochzeitsmahl und aus einem der Knechte einen Sohn macht. Welche geprägten Traditionen klingen hier für die (ersten) Hörer des Matthäusevangeliums an? Im damaligen Judentum ist der „König" eine durchaus geläufige Metapher für Gott (z. B. Jes 6,5; 43,1–15; Psalmen; Num 23,21). In Jer 2,2 und Jes 62,5 symbolisiert die Beziehung des Bräutigams zu seiner Braut das Verhältnis zwischen Gott und Israel. Nach Jes 49,18; 61,10 darf sich Israel in der Heilszeit wie Braut und Bräutigam schmücken. Das Bild der Hochzeit ist also nach alttestamentlicher Tradition mit der Freude verbunden, die Gott seinem Volk in der Heilszeit schenken wird. Im urchristlichen Kontext erfährt dieses Motiv eine gewisse Verschiebung: Jesus ist als der Bräutigam bei den Jüngern (Mk 2,19). Mit dem Sohn in Mt 22,1–14 muss dann nach urchristlichem Verständnis der Sohn Gottes, also Jesus Christus, der Bräutigam, gemeint sein. Ebenfalls nach urchristlichem Verständnis kann die Gottesherrschaft mit dem Hochzeitsmahl und mit der Freude anlässlich der Hochzeit verglichen werden. (vgl. auch Mt 25,1–13)

Frage nach dem historischen Jesus

Im Rahmen der Traditionsgeschichte könnte man auch fragen – und damit komme ich zum ersten oben genannten Aspekt –, ob die schriftliche Q-Fassung von Mt 22,1–10/Lk 14,16–24 in einer mündlichen Vorstufe auf den historischen Jesus, also Jesus als menschliche, historisch greifbare Gestalt, zurückgeht. Mit anderen Worten: Hat der historische Jesus die Parabel vom Festmahl selbst erzählt, oder handelt es sich hierbei um noch ältere jüdische Tradition oder aber um eine Bildung durch die urchristlichen Gemeinden? Wir berühren hier die Frage nach dem historischen Jesus, also die Frage, anhand welcher Kriterien sich aus den neutestamentlichen Texten die Botschaft Jesu herausschälen lässt. Dazu müssen wir uns klar machen, dass die Evangelien kein historisches Protokoll des Lebens Jesu bieten. Sie erzählen in einem gewissen zeitlichen Abstand und v. a. aus der Überzeugung heraus, dass uns in Jesus Gottes Sohn begegnet. Wir müssen also damit rechnen, dass die Evangelien „ihrem" jeweiligen Christus Worte in den Mund legen, die der historische Jesus nie geäußert hat. (Wie gesagt: Damit ist kein Urteil über deren „göttliche Wahrheit" gefällt (s. o., Kapitel 2.1). Das kann man sich schon daran verdeutlichen, dass uns auch Äußerungen des Auferstandenen überliefert sind, z. B. der berühmte „Missionsbefehl" am Ende des Matthäusevangeliums (28,18–20) (s. u., Kapitel 4.2). Diese Worte hat – selbst nach der Darstellung des Matthäusevangeliums – der irdische Jesus nie geäußert, und dennoch enthalten sie für Matthäus – und vielleicht auch für uns – eine verbindliche „Wahrheit". Die Frage nach dem historischen Jesus versucht lediglich, ein historisches Urteil zu fällen: Was hat der historische Jesus wohl gesagt und getan, was nicht?

Kriterien zur Frage nach dem historischen Jesus

Wie aber können wir zwischen Überlieferungen, die auf den historischen Jesus zurückgehen, und solchen, die erst später gebildet wurden, unterscheiden? Betrachten wir dazu die Argumentation Beckers hinsichtlich der Q-Fassung von Mt 22,2–10/ Lk 14,16–24: „Jesus hat … diejenigen am Mahl teilnehmen lassen, die das offizielle Judentum seiner Tage lieber ausgrenzte. Wie selbstverständlich ihm diese Öffnung war, wie unerwartet sie für diese Zielgruppe kam und wie anstößig sie bei anderen bewertet wurde, erkennt man noch sehr gut an der Parabel vom Abendmahl … Der durch den Duktus [Verlauf, Aufbau] der Parabel erschlossene Sinn [passt] ausgezeichnet zur Verkündigungssituation Jesu." (Becker 1995, 204f.). Becker stellt also zunächst die Differenz zwischen Jesus und dem „offiziellen Judentum" seiner Zeit heraus.

Hier greift das Differenzkriterium. Es besagt: Dem historischen Jesus werden solche Traditionen zugesprochen, die sowohl gegenüber dem damaligen Judentum als auch gegenüber dem Urchristentum Originalität besitzen. Auf die Originalität gegenüber dem Urchristentum geht Becker an dieser Stelle allerdings nicht ein. Zum Differenzkriterium tritt das Kohärenzkriterium. Damit ist gemeint, dass sich aus den Traditionen, die Jesus zugeordnet werden, ein stimmiges, kohärentes Bild ergeben muss. Becker weist z. B. darauf hin, dass der erschlossene Sinn der Parabel „ausgezeichnet zur Verkündigungssituation Jesu" passe. Diese methodische Vorgehensweise ist allerdings nicht unumstritten. Denn sie „produziert" einen historischen Jesus, der sich – aufgrund des Differenzkriteriums – v. a. durch seine Originalität auszeichnet. Andere Exegeten wollen das Differenzkriterium durch das „historische Plausibilitätskriterium" ersetzen, das mit Wirkungen Jesu auf das Urchristentum und seiner Einbindung in ein jüdisches Umfeld rechnet. Historisch ist demnach in den Quellen das, „was sich als Auswirkung Jesu begreifen lässt und gleichzeitig nur in einem jüdischen Umfeld entstanden sein kann" (Theißen/Merz 1996, 117).

Eckpunkte der Botschaft des historischen Jesus

Im Zentrum der Botschaft des historischen Jesus steht nach einhelliger Meinung der Forscher die Verkündigung des „Reiches Gottes" bzw. der „Herrschaft Gottes" – hierbei handelt es sich um zwei mögliche Übersetzungen desselben griechischen Begriffes. Jesus spricht also nicht in erster Linie von sich selbst, er treibt keine Christologie (Rede von Jesus Christus). Erst die urchristlichen Gemeinden fangen an, über Jesus nachzudenken und von ihm als Gesalbtem, als Herr und als Sohn Gottes zu sprechen. Jesu Botschaft hingegen ist auf Gott, auf die Gottesherrschaft, ausgerichtet. Die Gottesherrschaft ist keine rein zukünftige Größe, sondern sie bricht sich nach jesuanischem Verständnis schon in der Gegenwart Bahn. Jesus veranschaulicht das u. a. anhand des Gleichnisses vom Senfkorn (Mk 4,30–32): Jetzt ist die Gottesherrschaft klein wie ein Senfkorn, aber es ist bereits alles angelegt und es ist nur eine Frage der Zeit, bis die Gottesherrschaft groß werden wird. Wie wird die Gottesherrschaft in Jesu Gegenwart ansatzweise erfahrbar? Jesus hätte wohl geantwortet: in meinen Gleichnissen, die zu einem großen Teil von der Gottesherrschaft handeln, in meinen Wundertaten und in meinen Mahlgemeinschaften mit den Ausgegrenzten. Pointiert formuliert er: „Wenn ich aber mit dem Finger Gottes die Dämonen austreibe, so ist die Gottesherrschaft zu euch gekommen." (Lk 11,20)

2.9 Wie haben die Verfasser die neutestamentlichen Texte gestaltet?

Redaktionskritik

Mit dieser Frage beschäftigt sich die Redaktionskritik. Sie untersucht die eigene schriftstellerische Leistung eines Verfassers. Vorausgesetzt wird dabei, dass die Verfasser neutestamentlicher Texte, z. B. die Evangelisten, nicht nur traditionelles Material sammeln, sondern dass sie dieses Material eigenständig gestalten, indem sie eine bestimmte theologische oder historische Konzeption verfolgen. Die Redaktionskritik fragt, welche Änderungen ein Verfasser an der ihm vorliegenden Tradition vorgenommen hat, und versucht, daraus die theologische oder historische Konzeption des neutestamentlichen Autors zu erschließen. Lukas informiert zu Beginn seines Evangeliums ausdrücklich über sein schriftstellerisches Anliegen (Lk 1,1–4): „Schon viele haben es unternommen, einen Bericht über all das abzufassen, was sich unter uns ereignet und erfüllt hat. Dabei hielten sie sich an die Überlieferungen derer, die von Anfang an Augenzeugen und Diener des Wortes waren. Nun habe auch ich mich entschlossen, allem von Grund auf sorgfältig nachzugehen, um es für dich, hoch verehrter Theophilus, der Reihe nach aufzuschreiben. So kannst du dich von der Zuverlässigkeit der Lehre überzeugen, in der du unterwiesen wurdest."

redaktionelle Absicht in Mt 14,22–33

Wie können wir herausfinden, welche Änderungen ein Autor gegenüber seiner Tradition vorgenommen hat? Der zuverlässigste Weg ist der synoptische Vergleich. Insbesondere dort, wo das Markusevangelium eine Parallele bietet, können wir – wenn wir von der Zwei-Quellen-Theorie ausgehen (s. o., Kapitel 2.7) – recht deutlich erkennen, welche Änderungen Matthäus bzw. Lukas vorgenommen haben. Betrachten wir dazu eine bekannte Erzählung: Jesus geht auf dem Wasser. Diese Erzählung begegnet uns zum einen bei Markus (6,45–51), zum anderen bei Matthäus (14,22–33). Lukas bietet keine Parallele. Wir stellen also zunächst fest, dass Lukas die Erzählung weglässt – offensichtlich ist sie für seine theologische Konzeption nicht wichtig. Matthäus ergänzt gegenüber seiner markinischen Vorlage folgende Passage: „Petrus aber antwortete ihm und sprach: Herr, bist du es, so befiehl mir, zu dir zu kommen auf dem Wasser. Und er sprach: Komm her! Und Petrus stieg aus dem Boot und ging auf dem Wasser und kam auf Jesus zu. Als er aber den starken Wind sah, erschrak er und begann zu sinken und schrie: Herr, hilf mir! Jesus aber streckte sogleich die Hand aus und ergriff ihn und sprach zu ihm: Du Kleingläubiger, warum hast du gezweifelt?" (Mt 14,28–31) Diese Szene handelt von dem mangelnden Vertrauen des Petrus. Jesus wirft ihm Zweifel und „Kleingläubigkeit" vor. Offensichtlich ist Matthäus dieses Thema wichtig. Diese Vermutung bestätigt sich, wenn wir das gesamte Evangelium berücksichtigen. Der Begriff „kleingläubig" taucht im Matthäusevangelium mehrfach auf (Mt 6,30; 8,26; 14,31; 16,8), im Lukasevangelium hingegen findet er sich nur einmal (Lk 12,28), im Markus- und Johannesevangelium fehlt er ganz. Das heißt: Eine redaktionelle Absicht des Matthäus besteht darin, zu einem „größeren" Glauben zu ermahnen und zu ermutigen – wahrscheinlich, weil einige Gemeindemitglieder in den Augen des Matthäus „kleingläubig" (geworden) waren.

redaktionelle Absicht in Mt 22,1–14

Welche redaktionellen Absichten lässt Mt 22,1–14 erkennen? Der synoptische Vergleich (s. o., Kapitel 2.7) hat gezeigt, dass Lukas zu Mt 22,2–10 eine Parallele bietet, nicht aber zu Mt 22,11–13. Das heißt: Die Szene, in der der König einen Gast anspricht, weil dieser kein hochzeitliches Gewand trägt und ihn dann hinauswirft, ist wiederum eine Hinzufügung durch Matthäus – hier gegenüber seiner (möglichen) Vorlage in der Logienquelle (s. o., Kapitel 2.7). Auf der Ebene der Erzählung erscheint das Verhalten des Königs unangemessen: Der Gast ist ja gerade „von der Straße weg" gekommen (22,10), wie kann der König da erwarten, dass er ein hochzeitliches Gewand trägt? Es stellt sich also die Frage, was Matthäus mit dem „hochzeitlichen Gewand" meint. Wenn wir voraussetzen, dass der König in dieser Parabel (s. o., Kapitel 2.6) für Gott steht, und die Einladung zum Hochzeitsmahl seines Sohnes als Einladung zum Glauben an Jesus Christus zu verstehen ist, dann deutet sich hier an, dass es für Matthäus nicht ausreicht, der Einladung zu folgen, also an Jesus Christus zu glauben. Was fehlt? In Mt 7,21 heißt es: „Nicht jeder, der zu mir sagt: Herr! Herr!, wird in das Himmelreich kommen, sondern nur, wer den Willen meines Vaters im Himmel tut." Wichtig ist also für Matthäus, dass Christen den Willen Gottes erfüllen, wie er z. B. in der Bergpredigt (Mt 5–7) dargelegt ist. Ansonsten kommen sie nicht in das Himmelreich bzw. werden wieder hinausgeworfen. Das fehlende hochzeitliche Gewand in Mt 22,11–13 steht also für die fehlende Erfüllung der göttlichen Gebote. Deshalb wird der Mann hinausgeworfen.

2.10 Was verrät ein Text über seine oder seinen Verfasser und die Gemeinde, in der er entstanden ist oder an die er sich richtet?

einleitungswissenschaftliche Fragen

Die Fragen danach, wann und wo ein Text entstanden ist und wer ihn für wen verfasst hat, bezeichnet man als die „einleitungswissenschaftlichen Fragen". In Einleitungen zum Neuen Testament werden diese Fragen meistens zu Beginn eines Kapitels – z. B. zum Matthäusevangelium – abgehandelt. Dadurch kann der Eindruck entstehen, dass wir in den Antworten auf diese Fragen eine zuverlässige Ausgangsbasis für die schwierigen Fragen der weiteren Interpretation erhalten. Das Gegenteil ist der Fall: Gerade die einleitungswissenschaftlichen Fragen lassen sich oft nur sehr vage und mit großer Unsicherheit beantworten. Das liegt daran, dass wir nur in einzelnen Fällen direkte Angaben zu diesen Fragen haben, etwa, wenn Paulus sich als Verfasser und z. B. die Gemeinden in Galatien als Adressaten angibt. Doch selbst hier liegen die Verhältnisse oft komplizierter: Wir besitzen auch Briefe, die Paulus als Verfasser angeben, von denen die Bibelwissenschaft aber annimmt, dass Paulus sie nicht geschrieben hat (s. u., Kapitel 3 und 7). Welches Gebiet mit Galatien gemeint ist, wird ebenfalls kontrovers diskutiert (s. u., Kapitel 3.1 und 3.2). Zur Abfassungszeit der paulinischen Briefe haben wir keine direkten Angaben (s. u., Kapitel 3.2). Bei den Evangelien wird die Sache noch komplizierter: Die Angaben „Evangelium nach Markus" etc. stammen erst aus dem 2. Jahrhundert n. Chr., und es bleibt dann immer noch die Frage, wer Markus, Matthäus, Lukas und Johannes wohl waren. Die Evangelien benennen im Unterschied zu den meisten neutestamentlichen Briefen auch keine Adressaten. Wir sind also darauf angewiesen, aus den Texten selbst indirekt auf die Abfassungszeit, die Verfasser und die ersten Adressaten zu schließen. Wenn Matthäus erzählt, dass Jesus die Jünger und das Volk wegen ihrer „Kleingläubigkeit" kritisiert, dann schließen wir daraus, dass die matthäische Gemeinde in den Augen des Matthäus „kleingläubig" war (s. o., Kapitel 2.9). Wenn Matthäus in 22,7 davon erzählt, dass der König ein Heer ausschickt, um „ihre Stadt" anzuzünden, dann könnte er damit auf die Zerstörung Jerusalems im Jahr 70/71 n. Chr. durch die Römer anspielen, sodass das Evangelium in jedem Fall nach diesem Ereignis niedergeschrieben wäre (s. o., Kapitel 2.7).

2.11 Was verrät ein Text über die sozialen, politischen und religiösen Verhältnisse, in denen er entstanden ist?

Verwurzelung biblischer Texte

Im Zentrum der neutestamentlichen Texte steht ein im weitesten Sinne theologisches Interesse: Sie handeln von Gott und von seinem Sohn, Jesus Christus. Indirekt geben einige Texte aber auch Einblick in die sozialen, politischen und religiösen Verhältnisse des 1. Jahrhunderts n. Chr. Innerhalb der Fachwissenschaft ist umstritten, welches Gewicht der Frage nach diesen Verhältnissen innerhalb der theologischen Disziplin der Exegese beigemessen werden sollte. Wichtig ist hier die Einsicht, dass theologische Aussagen nicht im „luftleeren Raum" entstehen, sondern – als zeitbedingte Zeugnisse – in den damaligen sozialen, politischen und religiösen Verhältnissen wurzeln.

soziale Schichtung der Gemeinde in Korinth

Die Sozialgeschichte fragt u. a. danach, welchen sozialen Status die ersten Christen hatten: Waren sie durchweg arm, durchweg reich oder gehörten sie unterschiedlichen sozialen Schichten an? Der 1. Korintherbrief gibt uns hier – zumindest was die Christen in Korinth angeht – Aufschluss. Paulus kritisiert, wie die Gemeinde das Abendmahl feiert. Die Übersetzung der „Volxbibel" gibt den Konflikt gut verständlich wieder (1Kor 11,20–22): „Ich werde das Gefühl nicht los, dass euer ‚Abendmahl' gar kein echtes Abendmahl ist. Man hat mir erzählt, dass bei euch eher so ein Picknick veranstaltet wird. Jeder bringt seinen eigenen Kram mit, und am Ende sind einige pappsatt, nämlich die, die viel Kohle haben und sich 'ne Menge zum Spachteln mitgebracht haben. Andere haben noch Hunger, und ein paar von euch sind sogar total besoffen. … Könnt ihr denn nicht zu Hause was spachteln? Warum müsst ihr die alt aussehen lassen, die nicht so viel Kohle haben?" Hier wird deutlich: In der Gemeinde gibt es Reiche und Arme. Diese sozialen Unterschiede erkennt Paulus grundsätzlich an. Er fordert nicht, dass die Reichen den Armen etwas abgeben sollen, sondern er möchte, dass die Reichen die Armen nicht „alt aussehen lassen" und vorher zu Hause essen.

Stellung zur römischen Besatzungsmacht

Mk 5,1–13 erzählt von einer Dämonenaustreibung durch Jesus. Auf die Frage Jesu an den Dämon, wie er heiße, antwortet dieser: „Legion heiße ich, denn wir sind viele." (5,9) Jesus gestattet den unreinen Geistern, in eine Herde Säue einzufahren, die sich daraufhin in den See stürzen. Diese für uns heute befremdliche Erzählung spielt auf die damaligen politischen Verhältnisse an: Die „Legion" erinnert an eine römische Legion. Diese verhasste (römische) Legion wird von Jesus besiegt. Hier klingen also deutliche Ressentiments gegenüber der römischen Besatzungsmacht an.

religiöse Stellung der Samaritaner

In Joh 4 wird erzählt, wie Jesus in Sychar, einer Stadt in Samarien, eine Frau am Brunnen trifft. Er bittet die Frau, ihm etwas zu trinken zu geben. „Die samaritische Frau sagte zu ihm: Wie kannst du als Jude mich, die ich eine samaritische Frau bin, um Wasser bitten? Denn die Juden haben keine Gemeinschaft mit den Samaritern." (Joh 4,9) Der Text ist aufschlussreich hinsichtlich der religiösen Verhältnisse im Palästina des 1. Jahrhunderts n. Chr. Zwischen den Juden (u. a. aus Galiläa und Judäa) und den Samaritanern – die sich selbst auch als Juden sehen – besteht eine Feindschaft (vgl. auch Lk 10,30–35). Mit den Samaritern (oder auch Samaritanern) sind die Bewohner des Gebietes Samaria gemeint, das zwischen Galiläa im Norden und Judäa im Süden liegt. Im Neuen Testament nehmen die Samaritaner eine Zwischenstellung zwischen den Juden und den Heiden ein (vgl. Mt 10,5f.). Die Samaritaner hatten sich im späten 4. Jahrhundert v. Chr. von der Jerusalemer Gemeinde getrennt und einen eigenen Kult auf dem Berg Garizim in Samaria gegründet. Der dortige Tempel wurde um 129/128 v. Chr. zerstört.

2.12 Die gegenwärtige Forschungsdiskussion

Zwei Tendenzen kennzeichnen die gegenwärtige Forschungsdiskussion: Einerseits befindet sich die klassische historisch-kritische Exegese, wie sie hier schwerpunktmäßig dargestellt wurde, in einem Umbruch (1), andererseits wird sie zunehmend durch andere methodische Zugänge zu biblischen Texten ergänzt (2).

(1) Die historisch-kritische Methode öffnet sich zunehmend weiteren Bezugswissenschaften, insbesondere der Literaturwissenschaft. Im Zuge dieser Öffnung kommt es zu einem verstärkten Interesse an synchronen Betrachtungsweisen (s. o., Kapitel 2.1). Außerdem werden neutestamentliche Texte in der modernen Exegese – wenn auch zögerlich – als etwas offenere Gebilde betrachtet, die einen Bedeutungsspielraum eröffnen und nicht nur *eine* richtige Auslegung zulassen (s. o., Kapitel 2.1). Einige Exegeten kritisieren die Konzentration der klassischen Exegese auf den Autor eines neutestamentlichen Textes und fordern eine stärkere Beachtung des Textes selbst. Dazu ist allerdings zu sagen, dass Aussagen über neutestamentliche Autoren sowieso immer nur indirekt aus ihren Texten erschlossen werden können (s. u., Kapitel 2.10), Interviews mit diesen Personen sind ja nicht mehr möglich. Einen neuen Akzent bringt die Exegese ein, die die Leserschaft der neutestamentlichen Texte einbezieht und primär danach fragt, wie diese Texte (heute) verstanden werden. Diese Umakzentuierung ist gerade auch für die Religionspädagogik interessant, denn sie öffnet den Blick für die Frage, wie speziell Kinder bestimmte biblische Texte verstehen. Offen ist dabei – ähnlich wie in der Literaturwissenschaft – die Frage, ob es hier richtige und falsche Auslegungen gibt und wie sich diese unterscheiden lassen. Gerade in der Religionspädagogik wird die Frage nach der Bedeutung eines biblischen Textes z. T. in den Hintergrund gerückt zugunsten der Frage, wie sich Kinder auf ihre je eigene Art und Weise biblischen Texten nähern können.

Die historisch-kritische Methode klammert die Frage, was ein biblischer Text mir persönlich bedeutet, bewusst aus. Diese Aussparung wird z. T. als Mangel empfunden. Viele Exegeten gestehen zu, dass die historisch-kritische Methode nur *ein* Zugang neben anderen sein kann. Tiefenpsychologische Zugänge, Bibliodrama, feministische Auslegungen und vieles mehr ergänzen inzwischen die klassische Exegese. Dabei ist jedoch zu beachten, dass die unterschiedlichen Methoden unterschiedliche, z. T. widersprüchliche Voraussetzungen machen und sich daher nicht einfach „addieren“ lassen.

Impulse:

Impulse

1. Welche der folgenden Fragen fallen in den Bereich der historisch-kritischen Exegese?
   - Betrachtet der Evangelist Markus Jesus als Sohn Gottes?
   - Hielt sich Jesus für den Sohn Gottes?
   - War Jesus der Sohn Gottes?
2. Vergleichen Sie folgende Übersetzungen zu Mt 28,19:

Münchener Neues Testament, 1998	Berger, Klaus/ Nord, Christine, Das Neue Testament und frühchristliche Schriften, 1999	Bibel in gerechter Sprache, ²2006
Gehet nun, macht zu Schülern alle Völker.	Geht hin und macht alle Heidenvölker zu Jüngern und Jüngerinnen.	Macht euch auf den Weg und lasst alle Völker mitlernen.

3. Schlagen Sie den Schluss des Markusevangeliums auf. Die Übersetzungen weisen 16,8 als ursprünglichen Schluss aus und drucken in der Regel einen sekundären, also später hinzugefügten, Schluss ab (16,9–20). Erklären Sie, warum es wahrscheinlich ist, dass es sich bei den Versen 9–20 um einen sekundären Schluss handelt. Sehen Sie sich dazu auch die Schlüsse der anderen Evangelien an.
4. Erheben Sie wesentliche Beobachtungen zur Abgrenzung und zum Kontext von Mt 21,33–46.

5. Erstellen Sie eine sprachliche Analyse zu Mt 21,33–46. Schreiben Sie eine Wundergeschichte, die in formkritischer Hinsicht den neutestamentlichen Wundergeschichten entspricht.
6. Womit beschäftigt sich die Literarkritik?
7. Welche Argumente sprechen für, welche gegen die Annahme, dass das Lukasevangelium das älteste ist und die schriftliche Vorlage für Markus und Matthäus darstellt?
8. Formulieren Sie die redaktionelle Absicht von Lukas, wie sie aus seinem Prolog (Lk 1,1–4) erkennbar wird.
9. Informieren Sie sich anhand von Kapitel 4.1 über die Vermutungen zur Entstehungszeit des Markusevangeliums. Inwiefern haben wir es hier mit einem indirekten Schlussverfahren zu tun?
10. In Lk 10,25–37 erzählt Jesus einem Schriftgelehrten in Galiläa das Gleichnis vom barmherzigen Samariter. Inwiefern stellt die Wahl eines Samariters als dritte vorbeikommende Person im Gleichnis eine besondere Provokation für den Zuhörer dar?
11. Wo sehen Sie die Chancen, wo die Grenzen der historisch-kritischen Methode?

3. Paulus und seine Briefe

Neben Jesus ist Paulus die Gestalt, die das (Ur-)Christentum am nachhaltigsten geprägt hat. Der Apostel begegnet uns v. a. in den Briefen, die er zwischen 50 und 56 n. Chr. an unterschiedliche Gemeinden geschrieben hat. Im Neuen Testament finden sich 13 Briefe, die als Absender Paulus angeben:

1. Der Brief an die Römer,
2. der erste Brief an die Korinther,
3. der zweite Brief an die Korinther,
4. der Brief an die Galater,
5. der Brief an die Epheser,
6. der Brief an die Philipper,
7. der Brief an die Kolosser,
8. der erste Brief an die Thessalonicher,
9. der zweite Brief an die Thessalonicher,
10. der erste Brief an Timotheus,
11. der zweite Brief an Timotheus,
12. der Brief an Titus,
13. der Brief an Philemon.

Diese Briefe sind im Neuen Testament v. a. der Länge nach geordnet, beginnend mit dem ausführlichsten Schreiben, dem Brief an die Römer. Die Reihenfolge der Briefe lässt also nicht auf die Entstehungszeit der Briefe schließen.

„echte" paulinische Briefe

Wenn wir etwas über Paulus erfahren wollen, scheint es am sinnvollsten, sich seine Briefe anzusehen. Allerdings unterscheidet die Forschung hier noch einmal zwischen Briefen, die tatsächlich von Paulus abgefasst (diktiert) wurden, und solchen, die später in seinem Namen geschrieben wurden. Bei letzteren spricht man von deutero-paulinischen („deuteros" bedeutet „der zweite") Briefen. Es handelt sich also um Briefe, die von einem „zweiten Paulus", also nach dem Vorbild seiner Briefe, formuliert wurden. Diese Briefe klammern wir in diesem Kapitel weitgehend aus, obwohl natürlich auch in ihnen zutreffende Erinnerungen an Paulus aufbewahrt sein können (s. u., Kapitel 7). Die wesentliche Grundlage für dieses Kapitel bilden die von der Forschung als „echt" angesehenen Briefe des Paulus (s. u., Kapitel 3.2).

Apostelgeschichte

Eine weitere Quelle, insbesondere für das Leben des Paulus, haben wir in der Apostelgeschichte (s. u., Kapitel 5). Allerdings wurde die Apostelgeschichte in einem großen zeitlichen Abstand zum Leben des Paulus verfasst (um 100 n. Chr.). Es ist daher umstritten, wie viel der Apostelgeschichte als historischer Quelle zugetraut werden darf.

3.1 Zum Leben des Paulus

Im Philipperbrief sagt Paulus von sich (3,5–7): „… der ich am achten Tag beschnitten bin, aus dem Volk Israel, vom Stamm Benjamin, ein Hebräer von Hebräern, nach dem Gesetz ein Pharisäer, nach dem Eifer ein Verfolger der Gemeinde, nach der Gerechtigkeit, die das Gesetz fordert, untadelig gewesen. Aber was mir Gewinn war, das habe ich um Christi willen für Schaden erachtet."

Beschneidung

Paulus präsentiert sich hier als Jude („Hebräer"). Die Beschneidung am achten Tag, also die Entfernung der Vorhaut bei männlichen Nachkommen, ist das Bundeszeichen, das Gott laut alttestamentlicher Überlieferung setzt: „Und Gott sprach zu Abraham: So haltet nun meinen Bund, du und deine Nachkommen von Geschlecht zu Geschlecht. Das aber ist mein Bund, den ihr halten sollt zwischen mir und euch und deinem Geschlecht nach dir: Alles, was männlich ist unter euch, soll beschnitten werden; eure Vorhaut sollt ihr beschneiden. Das soll das Zeichen sein des Bundes zwischen mir und euch. Jedes Knäblein, wenn's acht Tage alt ist, sollt ihr beschneiden bei euren Nachkommen." (Gen 17,9–12) Die Beschneidung ist also das äußerliche Zeichen dafür, dass ein Mann zum Volk Israel, also zum Volk Gottes, gehört.

Erwählung

Nach alttestamentlicher Überlieferung hat sich Gott dieses Volk als sein Volk erwählt. Gott spricht zu Abraham: „Und ich will aufrichten meinen Bund zwischen mir und dir und deinen

Nachkommen von Geschlecht zu Geschlecht, dass es ein ewiger Bund sei, sodass ich dein und deiner Nachkommen Gott bin. Und ich will dir und deinem Geschlecht nach dir das Land geben, darin du ein Fremdling bist, das ganze Land Kanaan, zu ewigem Besitz, und will ihr Gott sein." (Gen 17,7–8) Paulus setzt sich im Laufe seines Lebens mit dieser Tradition auch kritisch auseinander (s. u., Kapitel 3.3), in Phil 3,5 gibt er sie jedoch zunächst einfach wieder und zählt sich selbstverständlich zum Volk Israel.

Stamm Benjamin

Das Volk Israel gliedert sich nach alttestamentlicher Tradition in zwölf Stämme – im Anschluss an die zwölf Söhne Jakobs (vgl. Gen 37–50). Benjamin ist der jüngste Sohn und steht für den kleinsten der zwölf Stämme Israels. Paulus nimmt für sich in Anspruch, aus dem Stamm Benjamin zu kommen. Diese Abstammung ist für das Selbstverständnis des Paulus offensichtlich von Bedeutung, denn in 1Kor 15,8–9 betont er, dass er als letzter und „geringster unter den Aposteln" die Offenbarung des Herrn empfing.

In diesem Zusammenhang bekommen auch die Namen „Saulus" und „Paulus" ihre Bedeutung: Saul war der erste israelitische König aus dem Stamm Benjamin (1Sam 10,17–27), Paulus ist ein römischer Name und bedeutet „klein". Wahrscheinlich führte Paulus beide Namen parallel. In seinen Briefen bezeichnet er sich ausnahmslos als „Paulus", die Apostelgeschichte spricht zunächst (aber nicht nur vor seiner Berufung) von „Saulus", dann von „Paulus".

Pharisäer

Paulus sagt in Phil 3,5 von sich, er sei „nach dem Gesetz ein Pharisäer". Die Pharisäer bildeten vor dem jüdisch-römischen Krieg (66–70 n.Chr.) eine jüdische Gruppierung, die uns in den Evangelien öfter als „Gegner" Jesu begegnet. Wer waren die Pharisäer? Diese Frage ist gar nicht so leicht zu beantworten. Denn die Darstellung der Pharisäer im Neuen Testament ist polemisch gefärbt: Insbesondere im Matthäusevangelium gelten die Pharisäer als „Heuchler", die das eine sagen und das andere tun (Mt 23,1–7.13–15), als engstirnige Verteidiger des jüdischen Gesetzes (Thora). Dieses unzutreffende Bild wirkt leider bis heute nach (z. B. im Getränk mit dem Namen „Pharisäer", bei dem der zugesetzte Alkohol im Kaffee durch ein Sahnehäubchen verdeckt wird). Als weitere jüdische Quelle kennen wir mehrere kurze Beschreibungen der Pharisäer durch den jüdischen Geschichtsschreiber Flavius Josephus (37 – ca. 100 n. Chr.). Josephus möchte Nicht-Juden erklären, wer die Pharisäer waren und vergleicht sie daher zum besseren Verständnis mit griechischen Philosophenschulen. Insofern stellt sich auch bei ihm die Frage, wie zutreffend seine Beschreibung ausfällt. Nach Josephus zeichnet sich die Gruppe der Pharisäer durch folgende Merkmale aus (Vom Jüdischen Krieg 2,162–163): „Die Pharisäer stehen in dem Ruf gewissenhafter Gesetzesauslegung … Rechtes zu tun oder nicht hänge zwar vor allem von den Menschen selbst ab, es helfe aber auch zu jedem Handeln das Schicksal mit. Zwar sei jede Seele unsterblich, es gehen aber nur die der Guten in einen anderen [endzeitlichen] Leib über, die der Schlechten jedoch würden durch ewige Bestrafung gezüchtigt." Das Anliegen der Pharisäer, dem jüdischen Gesetz auch im Alltag Geltung zu verschaffen, es also „alltäglich lebbar" zu machen, sowie ihre Nähe zur Unterschicht können erklären, warum Jesus gerade mit den Pharisäern öfter aneinandergeriet. Die Apostelgeschichte (Apg 7,58; 8,3; 9,1ff.; 26,10–11) und Paulus selbst (Gal 1,13.23; 1Kor 15,9; Phil 3,6) berichten übereinstimmend, dass Paulus die Urgemeinde in Jerusalem zunächst verfolgte, und zwar aufgrund seiner Einstellung als Pharisäer zum Gesetz (Phil 3,6).

Berufung

„Vom Saulus zum Paulus": Diese Redewendung markiert die grundlegende Wende, die Paulus in seinem Leben erfuhr – auch wenn es nicht so ist, dass er vor dieser Wende Saulus und danach Paulus hieß (s. o.). Aus dem Verfolger wird ein Nachfolger. Im Mittelpunkt des Ereignisses, das zu dieser Wende führt, steht Christus (vgl. Phil 3,7). Wir sprechen in diesem Zusammenhang meist von der „Bekehrung" des Paulus. Vielleicht ist es aber zutreffender, von einer „Berufung" zu sprechen. Bei der Berufung ist allein Gott der Handelnde: Er reißt einen Menschen aus seinem bisherigen (erfolgreichen) Leben heraus. Bei der Bekehrung liegt die Betonung auf den subjektiven Beweggründen, die einen Menschen dazu bringen, seine Einstellung grundlegend zu ändern. Die berühmteste Schilderung dieses einschneidenden

Ereignisses ist in Apg 9 zu finden (s. u., Kapitel 5). Paulus geht in seinen Briefen aber auch selbst mehrfach darauf ein. Betrachten wir zunächst Gal 1,15–16: „Als es aber Gott gefiel, der mich schon im Mutterleib auserwählt und durch seine Gnade berufen hat, seinen Sohn in mir zu offenbaren, damit ich ihn unter den Heiden verkündigte …" Paulus beschreibt hier seine Einsetzung, Berufung und Beauftragung zur Evangeliumsverkündigung. Auffällig sind die Anklänge (kursiv gesetzt) an Jes 49,1–6, einem Rückblick auf die Berufung des Propheten Jesaja: „Der HERR hat mich berufen *von Mutterleibe an; er hat meines Namens gedacht, als ich noch im Schoß der Mutter war.* … Und nun spricht der HERR, der mich *von Mutterleib an zu seinem Knecht bereitet hat*, dass ich Jakob zu ihm zurückbringen soll und Israel zu ihm gesammelt werde, – darum bin ich vor dem HERRN wert geachtet, und mein Gott ist meine Stärke –, er spricht: Es ist zu wenig, dass du mein Knecht bist, die Stämme Jakobs aufzurichten und die Zerstreuten Israels wiederzubringen, sondern *ich habe dich auch zum Licht der Heiden gemacht*, dass du seist mein Heil bis an die Enden der Erde."

Das heißt: Offenbar stellt Paulus seine Einsetzung, Beauftragung und Berufung in eine Reihe mit den alttestamentlichen Propheten, insbesondere mit dem Propheten Jesaja. Paulus versteht seinen Auftrag so: Gott hat bereits Jesaja damit beauftragt, seinen Heilswillen unter den Heiden zu verkünden. Dazu ist es aber nicht gekommen. Paulus führt also aus, was bei Jesaja bereits angekündigt ist. Die „Offenbarung Jesu Christi in mir" (Gal 1,16) macht Paulus – nach eigenem Verständnis – zu einem vollgültigen, von Gott berufenen Apostel. Dieser Anspruch ist offensichtlich von anderen Christen immer wieder angezweifelt worden – weil Paulus den irdischen Jesus nicht gekannt hat (vgl. 1Kor 9,1), weil er chronisch krank war (vgl. 2Kor 12,7) und weil er schlecht reden konnte (vgl. 2Kor 10,10).

Antiochia

Die anfängliche Mission des Paulus (Gal 1,17) war offensichtlich wenig erfolgreich – jedenfalls erfahren wir dazu kaum etwas. Wichtig wurde für Paulus dann die Gemeinde im syrischen Antiochien. Dort bildete sich die erste bedeutende Gemeinde von Jesusnachfolgern außerhalb Jerusalems. Anders als die Jerusalemer Urgemeinde gingen Mitglieder der antiochenischen Gemeinde dazu über, das Evangelium auch unter Nicht-Juden zu verkünden (Apg 11,20) – offensichtlich mit Erfolg, denn nach Apg 11,26 wurden die Mitglieder der antiochenischen Gemeinde von Außenstehenden erstmals als „Christen" – im Unterschied zu „Juden" – bezeichnet. Paulus stößt zu dieser Gemeinde und gehört dort zu den „Propheten und Lehrern" (Apg 13,1). Da Barnabas in diesem Vers zuerst, Paulus (Saulus) zuletzt genannt wird, könnte Paulus ein Mitarbeiter des Barnabas gewesen sein (und nicht umgekehrt!). In jedem Fall war Paulus nicht der erste, der Nicht-Juden missionierte.

Grund für das Apostelkonzil

„Danach, vierzehn Jahre später, zog ich abermals hinauf nach Jerusalem mit Barnabas und nahm auch Titus mit mir." So berichtet Paulus weiter in Gal 2,1. Barnabas, Titus und er trafen sich in Jerusalem mit den drei „Säulen" – gemeint ist das Leitungsgremium der Jerusalemer Urgemeinde, bestehend aus Jakobus, dem Bruder Jesu, sowie Petrus und Johannes, dem Sohn des Zebedäus (vgl. z. B. Mk 10,35–45). Es geht bei diesem Treffen – dem so genannten „Apostelkonzil" oder auch „Apostelkonvent" – um die Frage, ob sich Nicht-Juden, die Christen werden wollen, beschneiden lassen müssen oder nicht. Dahinter steht die grundsätzliche Frage, ob Heiden, die Christen werden wollen, zuerst Juden werden müssen oder nicht. Gilt also das Christentum als eine Richtung innerhalb des Judentums – dann müssten alle Christen beschnitten sein – oder gilt es als eine Richtung neben dem Judentum? Paulus vertritt vehement Letzteres: Heidenchristen müssen sich nicht beschneiden lassen. Deshalb ist ihm wichtig, dass Titus mitkommt. Er ist für Paulus und Barnabas ein „Präzedenzfall". Denn „selbst Titus, der bei mir war, ein Grieche, wurde nicht gezwungen, sich beschneiden zu lassen" (Gal 2,3). Paulus argumentiert also damit, dass es bereits unbeschnittene Heidenchristen gibt, von denen bisher niemand verlangt hätte, dass sie sich beschneiden ließen. Die gegenteilige Ansicht wird – so Paulus – von „falschen Brüdern" vertreten (Gal 2,4). Die Forschung spricht in diesem Zusammenhang von „Judaisten". Darunter versteht sie Judenchristen, die in besonderem Maße auf die Einhaltung der jüdischen Thora (Weisung), insbesondere der Beschneidung und der Speisegebote, achteten. Paulus hatte offensichtlich Angst, dass seine beschneidungsfreie Mission in Jerusalem nicht anerkannt würde.

Ergebnisse des Apostelkonzils

Was kommt bei dem Apostelkonzil heraus? In der Schilderung des Paulus klingen drei Ergebnisse an:

1. Die Mission wird aufgeteilt: Paulus zu den Heiden, Petrus zu den Juden (Gal 2,7.9). Die Sendung zu den Heiden verknüpft Paulus wie bereits gesehen schon mit seinem Berufungsauftrag (Gal 1,16).
2. Heiden, die Christen werden wollen, müssen sich nicht beschneiden lassen. So schreibt Paulus: „Mir haben die, die das Ansehen hatten, nichts weiter auferlegt.“ (Gal 2,6). Die Apostelgeschichte stellt diesen Punkt allerdings anders dar (s. u., Kapitel 5).
3. Paulus, Barnabas und Titus bemühen sich, (als Zeichen der Einheit aller Christen?) Geld unter den Heidenchristen für die Judenchristen in Jerusalem zu sammeln (Gal 2,10).

Antiochenischer Zwischenfall

Kurz nach dem Apostelkonzil kommt es zum sogenannten „Antiochenischen Zwischenfall“ (Gal 2,11–14). Barnabas und Paulus befinden sich wieder in der Gemeinde in Antiochia. Petrus besucht die Gemeinde und isst zunächst an einem Tisch mit den Heidenchristen. Das ist insofern bemerkenswert, als Heiden nach jüdischem Gesetz als unrein gelten. Das jüdische Jubiläenbuch empfiehlt deshalb: „Trenne dich von den Völkern und iss nicht mit ihnen und handle nicht nach ihrem Werk und sei nicht ihr Gefährte! Denn ihr Werk ist Unreinheit …“ (Jub 22,16). Der Judenchrist Petrus richtet sich jedoch nicht nach dieser Empfehlung, sondern hält mit den Heidenchristen Tischgemeinschaft. Offensichtlich stellt er Heidenchristen also nicht auf dieselbe Stufe mit Heiden. Dann aber kommen „einige von Jakobus [dem Bruder Jesu]“ (Gal 2,12). Diese Leute drängen offenbar auf die Einhaltung der jüdischen Speisegebote (vgl. z. B. Dtn 14,3–21) durch die Judenchristen und lehnen daher die Tischgemeinschaft mit den Heidenchristen ab. Sie stellen damit die Heidenchristen den Heiden gleich. Eine Tischgemeinschaft beim Herrenmahl ist für sie unmöglich. Petrus schwenkt um, er „sonderte sich ab, weil er die aus dem Judentum fürchtete" (Gal 2,12). Sein Vorbild findet weitere Nachfolger: selbst Barnabas sondert sich nun ab (Gal 2,13). Das erweckt den Zorn des Paulus. Er greift Petrus an. Die Apostelgeschichte berichtet, dass Paulus und Barnabas „scharf aneinandergerieten, sodass sie sich trennten" (Apg 15,39) – hier steht wohl der antiochenische Zwischenfall im Hintergrund.

Reisetätigkeit

Die Trennung von Barnabas ist für Paulus Anlass, wieder auf Missionsreise zu gehen und Antiochia zu verlassen. Aus den Briefen des Paulus geht hervor, dass er viel gereist ist – z. T. unter erheblichen Strapazen und Gefahren: „Ich bin oft gereist, ich bin in Gefahr gewesen durch Flüsse, in Gefahr unter Räubern, in Gefahr unter Juden, in Gefahr unter Heiden, in Gefahr in Städten, in Gefahr in Wüsten, in Gefahr auf dem Meer, in Gefahr unter falschen Brüdern …" (2Kor 11,26).

drei Missionsreisen

Die Apostelgeschichte gruppiert die Reisetätigkeit des Paulus in drei Missionsreisen (s. u., Kapitel 5). Diese Angaben lassen sich nicht vollständig mit den paulinischen Briefen in Übereinstimmung bringen. Deutlich ist, dass Paulus in mehreren Städten christliche Gemeinden gründet. Die judaistischen Gegner, die im Hintergrund des Apostelkonzils und des Antiochenischen Zwischenfalls stehen, machen ihm auch später noch zu schaffen (s. u., Kapitel 3.2). Paulus bereist neben Palästina und Syrien die Gebiete der heutigen Türkei, Griechenlands und Zyperns. Das Verhältnis zur Jerusalemer Urgemeinde wird derweil immer schlechter. Im Brief an die Römer bittet Paulus die Gemeinde, für ihn zu beten, „damit ich errettet werde von den Ungläubigen in Judäa und mein Dienst, den ich für Jerusalem tue, den Heiligen willkommen sei" (Röm 15,31). Mit diesem Dienst, den Paulus für Jerusalem tut, ist die Kollekte gemeint. Offenbar hält Paulus es für gefährlich, aber auch für unumgänglich, dass er sie persönlich überbringt. Er fürchtet gewaltsame Aktionen der „ungläubigen" Juden in Judäa gegen seine Person. Diese Juden beeinflussen auch das Verhalten der Jerusalemer Urgemeinde, die ja zwischen Paulus und diesen jüdischen Gruppierungen steht.

Verhaftung und Tod des Paulus

Die Apostelgeschichte bestätigt diese Einschätzung des Paulus. Sie berichtet, dass Paulus in Jerusalem verhaftet wird. Folgende Vorwürfe werden gegen ihn erhoben: „Ihnen ist aber berichtet worden über dich, dass du alle Juden, die unter den Heiden wohnen, den Abfall von Mose lehrst und sagst, sie sollen ihre Kinder nicht beschneiden und auch nicht nach den Ordnungen leben." (Apg 21,21) Es ist durchaus wahrscheinlich, dass Judenchristen in Gemeinden, die heidenchristlich dominiert waren, tatsächlich dazu übergingen, ihre Kinder nicht mehr beschneiden zu lassen. Die Apostelgeschichte erzählt weiter, dass Paulus (fälschlicherweise) vorgeworfen wurde, einen Heidenchristen in den Tempel mitgenommen und damit das Tempelgesetz gebrochen zu haben (Apg 21,27–30). Paulus wird von römischen Soldaten aus den Händen der Meute befreit (Apg 21,32). Von einer Übergabe der Kollekte an die Urgemeinde hören wir jedenfalls nichts – wahrscheinlich verweigerte die Urgemeinde die Annahme. Die Römer bringen Paulus nach Caesarea (Apg 23,23–35) und halten ihn dort länger gefangen. Paulus appelliert als römischer Bürger an den römischen Kaiser (Apg 25,9–12) und wird nach Rom gebracht. Die Apostelgeschichte endet damit, dass Paulus in Rom unter recht komfortablen Bedingungen gefangen gehalten wird. Über den Tod des Paulus erfahren wir im Neuen Testament nichts. Der Kirchenhistoriker Euseb (ca. 260–340 n.Chr.) bietet in seiner Kirchengeschichte die Überlieferung, dass Paulus in Rom unter Nero enthauptet worden sei, während Petrus gekreuzigt wurde (II 25,5).

Chronologie

Wir sind bisher den Lebensweg des Paulus abgeschritten, ohne ihn mit Jahreszahlen zu versehen. Solch eine absolute Chronologie des Lebens des Paulus ist schwierig zu erstellen. Denn die Angaben aus den paulinischen Briefen lassen sich nicht immer mit denen aus der Apostelgeschichte in Einklang bringen. Nur in Gal 1–2 erfahren wir etwas über zeitliche Abstände („relative Chronologie"). Da bei dieser Zählweise jedes angebrochene Jahr voll gezählt wird und nicht immer klar ist, von welchem Ereignis aus die Zählung beginnt, lassen diese Angaben noch beträchtlichen Spielraum. Weder die Apostelgeschichte noch Paulus selbst ordnen die Briefe explizit zeitlich ein. Es gibt jedoch zwei Ereignisse, die von Paulus oder Lukas erwähnt werden und sich so in der allgemeinen Weltgeschichte niedergeschlagen haben, dass sie datierbar sind.

1. Der römische Schriftsteller Sueton (70 – ca. 130 n. Chr.) berichtet von Kaiser Claudius: „Die Juden vertrieb er aus Rom, weil sie, von Chrestus aufgehetzt, fortwährend Unruhe stifteten." Es gab also Auseinandersetzungen zwischen Juden und Christen um „Chrestus" in Rom. Dieser Vorgang wird von dem späten christlichen Geschichtsschreiber Orosius (5. Jh.) auf das 9. Regierungsjahr des Claudius (= 49 n. Chr.) datiert. Mit dem Tod des Claudius im Oktober 54 n. Chr. verlor das Edikt seine Wirksamkeit.
2. Apg 18 erzählt vom Aufenthalt des Paulus in Korinth. Die Juden klagen Paulus vor dem Statthalter Gallio an (18,12). Die Amtszeit des Gallio lässt sich aufgrund einer Inschrift relativ genau bestimmen, und zwar vom Frühsommer 51 bis zum Frühsommer 52 n. Chr. Diese Datierung fügt sich gut zu der Aussage in Apg 18,2: „[Paulus] fand [in Korinth] einen Juden mit Namen Aquila …; der war mit seiner Frau Priszilla kürzlich aus Italien gekommen, weil Kaiser Claudius allen Juden geboten hatte, Rom zu verlassen."

Ausgangspunkt einer absoluten Chronologie ist also die Ankunft des Paulus in Korinth zu Beginn des Jahres 50. Für die weitere Diskussion verweise ich auf die Fachliteratur (s. u., Kapitel 10) und ergänze zur Orientierung eine mögliche Chronologie des Lebens des Paulus.

Tod Jesu	30
Berufung des Paulus	33
Erster Aufenthalt in Jerusalem	35
Paulus in Zilizien	36–42
Paulus in Antiochia	42
Reisetätigkeit des Paulus (1. Missionsreise)	45–47

Apostelkonvent	48 (Frühjahr)
Antiochenischer Zwischenfall	48 (Sommer)
Reisetätigkeit des Paulus (2. Missionsreise) Paulus in Korinth	48 (Spätsommer) bis 51/ 52 50/51
Reisetätigkeit des Paulus (3. Missionsreise)	52–55/56
Ankunft in Jerusalem	56
Haft in Caesarea	56–58
Ankunft in Rom	59
Tod des Paulus	64

3.2 Die Briefe des Paulus

Formschema

Briefe haben auch heute eine bestimmte Form, die sie von anderen Schriftstücken unterscheidet. Diese Form variiert je nachdem, ob es sich um einen Geschäftsbrief oder einen persönlichen Brief handelt. Besonders stark reglementiert sind Briefanfang und -schluss (etwa: Sehr geehrte/r Frau/ Herr … Mit freundlichen Grüßen ...), der Mittelteil kann dagegen recht frei gestaltet werden.

Ähnlich verhält es sich mit dem antiken Brief. Die paulinischen Briefe lassen folgendes Formschema erkennen:

1. Briefeingang, bestehend aus Präskript und Proömium,
2. Briefkorpus,
3. Briefschluss.

Präskript

Der Anfang eines Briefes, das sogenannte Präskript, besteht aus drei Elementen: der Angabe des Absenders, der Angabe der Adressaten und einem Gruß oder einem Wunsch für die Adressaten.

Proömium

Das Proömium (das Wort bedeutet eventuell ursprünglich „Vorhymnus“) beinhaltet in der Regel Elemente des Dankes an die Adressaten, Gedenken und Fürbitte, aber auch schon zentrale Themen des Hauptteils.

Briefkorpus

Der Briefkorpus unterteilt sich in vielen paulinischen Briefen in einen theologischen und einen sich daran anschließenden ethischen Teil.

Briefschluss Typisch für den Schluss eines Briefes waren zur Zeit des Paulus vier Elemente, die allerdings nicht immer alle vorkommen mussten und auch variiert werden konnten:

1. Es finden sich bestimmte Aufforderungen und Ermahnungen.
2. Öfter schreibt Paulus, dass er vorhat, die Adressaten demnächst zu besuchen.
3. Im paulinischen Briefschluss finden sich außerdem – ähnlich wie bei uns heute – regelmäßig Grüße oder Aufforderungen, jemanden zu grüßen.
4. Im sogenannten Postskript erfolgt – ähnlich wie im Präskript – ein Gnaden- bzw. Friedenswunsch.

Eine eigenhändige Namensunterschrift war, anders als bei uns heute, nicht üblich.

Privatbrief/ Epistel Aus der griechisch-römischen Welt sind neben den persönlichen Privatbriefen auch Kunstbriefe bekannt, die als Epistel bezeichnet werden. Sie sind z. T. durch ihre philosophischen Darlegungen sehr umfangreich. Die Briefe des Paulus gehen ebenfalls in Umfang und Inhalt über die Privatbriefe der Antike hinaus. Aber sie sind an konkrete Gemeinden gerichtet. Es ist umstritten, ob Paulus damit rechnete, dass seine Briefe unter den christlichen Gemeinden weitergereicht wurden. Insofern stehen die paulinischen Briefe zwischen dem Privatbrief und der Epistel.

Rhetorik Paulus schreibt Briefe, weil er nicht persönlich bei der Gemeinde sein kann. Sein Brief ersetzt insofern seine Rede. Manche Forscher erkennen daher in den paulinischen Briefen Gattungen rhetorischer Rede, andere Forscher sind zurückhaltender und sprechen von einzelnen Elementen rhetorischer Rede. Die antike Rhetorik kennt die Gattungen der epideiktischen, also der aufzeigenden Rede, der Gerichtsrede und der beratenden Rede. Die antike Rede besteht in der Regel aus fünf Teilen: Eingang (proömium), Darlegung (narratio), Gliederung (partitio), Beweisführung (argumentatio), Schluss (conclusio). Briefe dagegen bestehen aus drei Teilen (s. o.). Wenn also ein Brief einer Redegattung angepasst werden soll, müssen diese drei Briefteile den fünf Teilen der Redegattung untergeordnet werden. Die Entscheidung, ob man einen paulinischen Brief eher – unter rhetorischen Gesichtspunkten – als eine Rede oder eher – unter epistolografischen Gesichtspunkten – als einen Brief betrachtet, hat Auswirkungen auf die Interpretation.

Verständlichkeit der Briefe

Die Briefe des Paulus sind für uns heute nicht leicht zu verstehen. Wie war das bei seinen ursprünglichen Adressaten? Konnten heidnische, z. T. ungebildete Zeitgenossen des Apostels diese Briefe, die in jüdischer Tradition stehen, überhaupt verstehen? Einfach war das jedenfalls nicht. An einer Stelle äußert Paulus sich zu diesem Problem: „Ich hoffe aber, ihr werdet noch völlig verstehen, wie ihr zum Teil ja auch schon verstanden habt." (2Kor 1,13–14; vgl. 2Petrus 3,15f.)

1. Thessalonicherbrief

Der älteste uns erhaltene Brief des Paulus ist sein Brief an die Thessalonicher (1. Thessalonicherbrief), den er 50/51 n. Chr. während seines Aufenthaltes in Korinth schrieb. Thessalonich/Thessaloniki liegt in Mazedonien, im heutigen Griechenland. Die Apostelgeschichte berichtet, dass Paulus auf seiner zweiten Missionsreise in Thessalonich eine Gemeinde gegründet hat (Apg 17). In 1Thess 1,9–10 erinnert Paulus die Gemeindemitglieder daran, „wie ihr euch von den Götzen zu Gott bekehrt habt, um dem lebendigen und wahren Gott zu dienen und seinen Sohn vom Himmel her zu erwarten, Jesus, den er von den Toten auferweckt hat und der uns vor dem kommenden Zorn Gottes rettet". Zweierlei ist hier bemerkenswert: Zum einen lässt der Text erkennen, dass es sich bei den Gemeindemitgliedern in Thessalonich vorwiegend um Heidenchristen handelt, die sich „von den [heidnischen] Götzen zu Gott bekehrt haben". Zum anderen finden wir hier eine knappe Zusammenfassung der paulinischen Missionspredigt. Wir können hier also erahnen, was Paulus den Menschen zu einer Zeit, als noch keine Evangelien vorlagen, von Jesus Christus erzählt hat. Der berühmteste Text aus dem 1. Thessalonicherbrief steht in 4,13–5,11. Paulus möchte hier seine Adressaten trösten und schildert, was bei den Endereignissen, wenn Jesus Christus wiederkommt (Parusie), mit den lebenden und den toten Christen geschehen wird.

1. Korintherbrief

Paulus missioniert 50/51 in Korinth. Korinth liegt in der Achaia, im heutigen südlichen Griechenland. Nach seiner Abreise steht der Apostel weiterhin in Kontakt mit der korinthischen

Gemeinde. Es kommt zu einem Briefwechsel, von dem uns nicht alle Briefe erhalten sind (vgl. 1Kor 5,9). Den ersten Korintherbrief schreibt Paulus wahrscheinlich 55 n. Chr. von Ephesus aus. Er reagiert auf die aktuelle Situation in der korinthischen Gemeinde und beantwortet konkrete Fragen der Gemeindemitglieder. Die Gemeinde ist offensichtlich gespalten (1,10–17). Paulus möchte sie wieder einen: „Ist Christus etwa zerteilt?“ fragt der Apostel empört (1,13). Er entwickelt daraufhin seine sogenannte Kreuzestheologie, die sich durch eine radikale „Durchkreuzung“ aller herkömmlichen Werte auszeichnet und Christus, den Gekreuzigten, mit Gottes Kraft und Gottes Weisheit in Verbindung bringt. „Die Juden fordern Zeichen, die Griechen suchen Weisheit, wir dagegen verkündigen Christus als den Gekreuzigten: für Juden ein empörendes Ärgernis, für Heiden eine Torheit, für die Berufenen aber, Juden wie Griechen, Christus, Gottes Kraft und Gottes Weisheit.“ (1,22–24)

Die Kapitel 8 und 10 gehen auf die Frage ein, ob Christen Götzenopferfleisch essen dürfen. Dabei handelt es sich zum einen um Fleisch, bei dessen Schlachtung heidnische Opferzeremonien vollzogen wurden, zum anderen um Fleisch, das bei einer Opferzeremonie im heidnischen Tempel verzehrt wurde. Christen konnten sich nie sicher sein, ob es sich bei dem auf dem Markt gekauften oder bei Einladungen angebotenen Fleisch um Götzenopferfleisch handelte. In der korinthischen Gemeinde gab es die sogenannten „Schwachen“, vornehmlich Heidenchristen (vgl. 1Kor 8,7), die den Verzehr von Götzenopferfleisch aus Furcht vor den Göttern generell ablehnten. Demgegenüber waren die sogenannten „Starken“ der Meinung, dass sie bedenkenlos Götzenopferfleisch verzehren könnten, weil es ja nur den einen wahren Gott gibt. Paulus gibt den „Starken“ im Prinzip recht, relativiert aber: „Alles ist erlaubt, aber nicht alles dient zum Guten.“ (10,23) Die „Starken“ sollen auf die „Schwachen“ Rücksicht nehmen (vgl. Röm 14).

In Kapitel 11 kritisiert Paulus, wie in der Gemeinde das Abendmahl gefeiert wird. „Denn jeder verzehrt sofort seine eigene Speise, und dann ist der eine noch hungrig, während der andere schon betrunken ist.“ (11,21) Paulus ordnet an: „Wer

Hunger hat, soll zu Hause essen." (11,34) Das Abendmahl soll also kein Sättigungsmahl sein.

In Kapitel 12 stellt Paulus die Lehre von den verschiedenen, aber gleichwertigen Gaben (z. B. die Gabe, gesund zu machen, oder die Gabe der Zungenrede, vgl. 12,4–11) mit Hilfe des Bildes von Christus als Leib mit vielen Gliedern dar (12,12–14). In Kapitel 13 findet sich das berühmte „Hohelied der Liebe". Kapitel 14 erlaubt uns einen weiteren Blick in den urchristlichen Gottesdienst: Offensichtlich redeten in Korinth viele durcheinander, z. T. in – für die anderen unverständlicher – Zungenrede. Paulus ordnet an, dass die Zungenrede für die anderen ausgelegt werden müsse (14,5) und dass nicht mehr als zwei oder drei – nacheinander! – in Zungen reden sollen (14,27). In Kapitel 15 äußert Paulus sich ausführlich zum Zusammenhang zwischen der Auferweckung Christi und der Auferstehung aller Christen. Er setzt sich offensichtlich mit Gemeindemitgliedern auseinander, die behaupten: „Es gibt keine Auferstehung der Toten." (15,12)

Umstritten ist, ob hinter diesen unterschiedlichen Fragestellungen im 1Kor eine einheitliche Geisteshaltung liegt. Deutlich ist an mehreren Stellen eine pneumatische, d. h. am Geist orientierte, enthusiastische, also begeisterte Haltung, die sich u. a. in einem Überlegenheits- und Vollendungsbewusstsein ausdrückt, das Paulus ironisch kritisiert: „Ihr seid schon jetzt satt; ihr seid schon jetzt reich; ohne uns seid ihr zur Herrschaft gelangt!" (4,8).

2. Korintherbrief

Der 2. Korintherbrief besteht nach Meinung vieler Forscher aus mehreren ursprünglich selbstständigen Briefen. Zu dieser Vermutung kommen Fachleute v. a. deshalb, weil der Ton des Briefes mehrfach radikal wechselt und gewisse Spannungen auftauchen, die u. a. darauf hinweisen, dass Teile des 2Kor unterschiedlichen Situationen zuzuordnen sind. Die Forschung unterscheidet deshalb einen „Tränenbrief" (10–13; vgl. 2,4), in dem Paulus auf dem Höhepunkt seiner Auseinandersetzung um die „Überapostel" einen scharfen Ton anschlägt, und einen „Versöhnungsbrief" (1–7?), in dem Paulus auf den Streit bereits zurückblickt (2,5ff.; 7,12). In den Kapiteln 8 und 9 finden sich vielleicht zwei ursprünglich selbstständige Briefe, in denen der Apostel für die Kollekte (s. o., Kapitel 3.1) wirbt.

Wie lassen sich die Ereignisse zwischen Paulus und der Gemeinde in Korinth nach Abfassung des 1Kor rekonstruieren? Paulus reist wieder nach Korinth. Bei diesem Besuch kommt es zu einem Eklat, und zwar aufgrund der sogenannten „Überapostel“. Offensichtlich sind Missionare nach Korinth gekommen, die auf besondere Vorzüge stolz sind: sowohl auf ihre Geistbegabung als auch auf ihre jüdische Abstammung (11,22ff.). Sie sprachen Paulus die Zugehörigkeit zu Christus ab (vgl. 10,7) – und stellten damit sein gesamtes Apostolat in Frage. Paulus reist nach Ephesus ab und schreibt den „Tränenbrief“. Er führt zur Verteidigung seines Apostolates seinen Missionserfolg (10,8ff.), seine Leidensnachfolge (11,23ff.) und eine Vision (12,1ff.) an. In 13,1 kündigt Paulus sein drittes Kommen an. Er schickt seinen Mitarbeiter Titus mit dem Brief nach Korinth und wartet ungeduldig auf dessen Rückkehr. Schließlich reist er ihm sogar entgegen (2,13). Titus hat Gutes zu berichten (7,5–7). Paulus ist getröstet und verfasst den „Versöhnungsbrief“, in dem er darlegt, was er unter seinem Apostelamt versteht. Ein durchgängiges Thema des 2. Korintherbriefes ist damit die Legitimität des paulinischen Apostolats, das er gegen Angriffe von Gegnern verteidigen muss.

Galaterbrief

Im Brief an die von Paulus gegründeten Gemeinden in (der Provinz oder der Landschaft?) Galatien rückt ein ganz anderes Thema ins Zentrum: die Beschneidung. Paulus schreibt den Brief entweder in Ephesus, vor oder nach dem 1Kor, oder während seiner Reise durch Makedonien (vgl. Apg 20,2) nach dem 1. (und 2.) Korintherbrief. Für die zweite Möglichkeit spricht, dass der Gal so in eine größere zeitliche Nähe zum Römerbrief rückt, zu dem inhaltliche Parallelen bestehen (s. u.). Diese Spätdatierung rechnet mit der Abfassung 55 n. Chr. in Makedonien. Aus Sicht des Paulus kommt es in den galatischen Gemeinden zu einer schweren Krise. Nachdem der Apostel die Gemeinden verlassen hat, fordern andere Missionare die galatischen Heidenchristen (vgl. Gal 4,8; 5,2f.; 6,12f.) dazu auf, sich beschneiden zu lassen. Bei diesen Missionaren handelt es sich wohl um Judaisten (aus Judäa/Jerusalem?), die die beschneidungsfreie Mission nicht anerkennen. Insofern haben wir es hier mit einem ganz ähnlichen Problem zu tun wie auf dem Apostelkonzil, auf das Paulus zu Beginn des Gal eingeht (2,1–10).

Obwohl die beschneidungsfreie Mission des Paulus auf diesem Konzil durch die Jerusalemer Autoritäten anerkannt worden war, steht sie nun wieder zur Disposition. Paulus bietet alle Mittel auf, um seine Mission zu verteidigen. Er betont seine Unabhängigkeit von den Jerusalemer Autoritäten (1), blickt auf das Apostelkonzil und den Antiochenischen Zwischenfall zurück (2) und äußert sich dann (3,1–4,7) zur (stark eingeschränkten) Bedeutung des jüdischen Gesetzes, das ja eigentlich die Beschneidung vorschreibt (s. u., Kapitel 3.4). In diesem Zusammenhang entfaltet Paulus seine sogenannte „Rechtfertigungslehre" (s. u., Kapitel 3.3). In 4,8–20 erinnert Paulus die Gemeinde an die Erstmission, an die Befreiung von den (heidnischen) Mächten, denen sie vorher gedient haben. Deshalb ist es unsinnig, wenn sie sich nun neu (durch das jüdische Gesetz) knechten lassen (vgl. 5,1–12). In 4,21–31 versucht er mit dem jüdischen Gesetz zu begründen, warum das Gesetz nicht mehr gilt: Glaubende gehören der Freiheit an. In 5,13–25 fordert Paulus die Gemeinden zu einem Leben im Geist auf (s. u., Kapitel 3.3). Der Gal schließt mit weiteren Ermahnungen und einem scharfen letzten Angriff auf die Gegner (6,1–18).

Römerbrief

Im Römerbrief greift Paulus auf Gedankengänge aus dem Gal zurück und baut sie aus. Paulus erhofft sich von der römischen Gemeinde, die von uns unbekannten Missionaren gegründet wurde, materielle und geistliche Hilfe. Die Gemeinde in Rom ist in mehreren Hausgemeinden organisiert und umfasst Juden- und Heidenchristen (Röm 16,14f.). Für die Geschichte der Gemeinde ist das Claudius-Edikt von Bedeutung (s. o., Kapitel 3.1). Der Brief ist wohl 56 n. Chr. in Korinth geschrieben (vgl. Apg 20,2f.; Röm 16,1.22.23). Paulus steht am Wendepunkt seines missionarischen Wirkens. Er sieht seine Arbeit im Osten des Römischen Reiches als beendet an und will sich jetzt nach Westen wenden.

Im Hintergrund des Röm steht die zunehmende Agitation judaistischer Gegner in paulinischen Gemeinden (s. Gal). Paulus möchte für seine Position jetzt gegenüber „Dritten" werben. Deshalb fällt der Ton nicht so polemisch aus wie im Gal, Paulus beschäftigt sich aber wiederum mit der Gesetzesthematik. In Röm 1–5 versucht Paulus den Nachweis, dass alle Menschen, also Juden und Heiden, gleichermaßen unter dem Zorn Gottes stehen und deshalb auch gleichermaßen auf Jesus Christus angewiesen sind. In Röm 6 deutet Paulus die Taufe als ein Sterben und Auferstehen mit Christus. In Röm 7 setzt Paulus sich mit dem Vorwurf auseinander, er würde das jüdische Gesetz zerstören (Antinomismus). Er formuliert hier positive Aussagen über das Gesetz, die sich z. T. kaum mit seinen Ausführungen im Gal vereinbaren lassen (s. u., Kapitel 3.4). Röm 8 thematisiert das Leben im Geist (vgl. Gal 5). In Röm 9–11 setzt Paulus sich ausführlich mit der Frage auseinander, ob Israel von Gott verworfen ist oder nicht. (s. u., Kapitel 3.4) Im ethischen Teil greift Paulus zunächst wieder das Bild des Leibes aus vielen Gliedern auf (Röm 12; vgl. 1Kor 12). In Röm 13 spricht Paulus der staatlichen Obrigkeit zu, von Gott eingesetzt zu sein. Damit tritt er vielleicht indirekt Tendenzen unter den römischen Christen entgegen, die vom Staat geforderten Steuern nicht zu zahlen, da das Gottesreich ja sowieso bald komme. In Röm 14 stärkt Paulus die Position der Judenchristen, die die Speisegebote einhalten („Schwache"), um die Einheit der Gemeinschaft zu stärken (vgl. 1Kor 8 und 10).

Philipperbrief

Den Philipperbrief schreibt Paulus in Gefangenschaft (1,7.13.17). Paulus erwartet ein Urteil, sowohl die Todesstrafe als auch einen Freispruch hält er für möglich (1,20). Wo und wann war Paulus gefangen? Die Apg weiß von einer Gefangenschaft in Philippi (16,23–40) – die natürlich in Phil 1,7.13.17 nicht gemeint sein kann, weil Paulus den Brief ja nach Philippi sendet. Außerdem berichtet die Apg davon, dass Paulus in Jerusalem gefangen gesetzt wird, als er dorthin reist, um die Kollekte zu überbringen (Apg 21,27ff.). Paulus kommt dann als Gefangener nach Caesarea und Rom (Apg 22–28). Wenn wir annehmen, dass Paulus den Phil in diesem Zusammenhang geschrieben hat, handelt es sich um einen sehr späten Brief des Paulus – geschrieben nach dem Röm. In der Forschung wird auch diskutiert, ob der

Brief deutlich früher in Ephesus abgefasst wurde, im Rahmen der 3. Missionsreise des Paulus (vgl. Apg 19). Allerdings hören wir in der Apg nichts von einer Gefangenschaft des Paulus, wohl aber von einem Konflikt mit den Silberschmieden und dem Rat, diesen Konflikt vor „Gerichte und Statthalter" zu bringen (Apg 19,38). Im 1Kor deutet Paulus an, dass er sich in Ephesus in Todesgefahr befunden habe (15,32). Wenn wir Ephesus als Abfassungsort annehmen, handelt es sich beim Phil um einen relativ frühen Brief – geschrieben noch vor dem 1Kor.

Die Frage der Datierung ist wichtig, weil Paulus im Phil die Terminologie der „Rechtfertigungslehre" (s. u., Kapitel 3.3) benutzt (3,2–4,1), die uns auch im Gal und Röm begegnet. Je nach Datierung des Phil (z. T. auch des Gal) hätte Paulus sich also erst recht spät oder aber schon recht früh zu diesem Thema geäußert.

Paulus hat zu der von ihm auf seiner 2. Missionsreise gegründeten Gemeinde in Philippi (Apg 16) gute Beziehungen, es herrscht offensichtlich ein reger Kontakt. Ein wichtiges Thema im Phil ist die Einheit der Gemeinde (2,1–18). Paulus begründet seine Mahnungen zur Einheit theologisch mit einem traditionellen Christushymnus (2,6–11). In 3,2 warnt Paulus die Gemeinde (vorsorglich?) scharf vor „den Hunden", vor „der Zerschneidung". Gemeint sind – ähnlich wie im Gal – judenchristliche Missionare, die die Beschneidung der Heidenchristen fordern. Da der Ton hier so unmittelbar an Schärfe zunimmt, wird diskutiert, ob an dieser Stelle ein ursprünglich selbstständiger „Kampfbrief" (3,1b–4,1.8f.) eingefügt wurde.

Der Phil ist ein Dankbrief. Die Gemeinde hat Paulus offensichtlich (materiell) unterstützt (4,15f.). Angesichts der drohenden Todesstrafe äußert Paulus sich zur Frage der Auferstehung und der Parusie (vgl. 1,6.10f.20–23; 2,16; 3,10.20; 4,5). Umstritten ist, ob sich diese Äußerungen mit denen aus 1Thess 4,13–5,11 und 1Kor 15 vereinbaren lassen. In Phil 3,20 spricht Paulus vom „Bürgerrecht der Christen im Himmel". Diese Aussage kann so gelesen werden, dass sie die Aufforderung zur Unterordnung unter die staatliche Macht (Röm 13) relativiert.

Philemonbrief

Den kurzen Philemonbrief schreibt Paulus ebenfalls in Gefangenschaft. Der Christ Philemon besitzt einen Sklaven, Onesimus, den Paulus bekehrt hatte und der nun entlaufen ist. Paulus bittet Philemon, diesen Sklaven wieder freundlich aufzunehmen und auf Strafen zu verzichten.

3.3 Zur Theologie des Paulus

methodische Anfragen

Paulus hat mit seinen Briefen die christliche Theologie ganz erheblich geprägt. Insofern liegt es nahe, nach den wesentlichen Elementen der paulinischen Theologie zu fragen. Sobald wir diese Frage anzugehen versuchen, melden sich allerdings sofort gewichtige methodische Bedenken:

1. Paulus hat keine „Dogmatik", also keine zusammenhängende, in sich stimmige Lehre von Gott entworfen. Seine Briefe sind Gelegenheitsschriften mit je konkreten, unterschiedlichen Adressaten. Paulus reagiert in seinen Schreiben auf Anfragen aus der jeweiligen Gemeinde oder auf bestimmte Gegebenheiten, die er als Missstände wahrnimmt. Dürfen wir also die einzelnen Briefe zu einer zusammenhängenden, einheitlichen Theologie des Paulus zusammensetzen?
2. Müssen wir mit einer Entwicklung innerhalb des paulinischen Denkens rechnen? Zwischen der Abfassung des ersten Briefes an die Thessalonicher und dem Schreiben an die Gemeinde in Rom vergehen ca. 5–6 Jahre. Findet innerhalb dieser Zeitspanne ein Wandel im paulinischen Denken statt?
3. Wie radikal ändert sich die Theologie des Paulus durch seine Berufung? Ist in diesem Ereignis – was auch immer sich genau dahinter verbirgt – bereits die gesamte „christliche" Theologie des Paulus angelegt, oder ist es angemessener, hier den Anstoß zu einem theologischen Umdenken zu vermuten, also den Beginn eines längeren Prozesses?

„Grunderzählung"

Bevor wir uns einige umstrittene Elemente der paulinischen Theologie genauer ansehen, ist es angesichts dieser Schwierigkeiten hilfreich, sich zunächst dem „Gerüst" des paulinischen

Denkens zuzuwenden, das relativ unumstritten ist. Das theologische Denken des Paulus lässt sich am besten in Form einer Erzählung („story“) wiedergeben. Die Erzählung, die von Gottes Weg mit den Menschen handelt, beginnt für Paulus mit der Schöpfung. Daran schließt sich der Fall Adams an (vgl. Gen 3). Durch Adam kommt die Sünde in die Welt (Röm 5,12–14). Damit ist das Problem, um das sich die Geschichte Gottes mit den Menschen dreht, benannt: Die Sünde korrumpiert und versklavt die Menschheit. Die Sünde ist die Macht, von der die Menschheit befreit werden muss (Röm 1,18–3,20). Hier kommt nun zunächst Abraham ins Spiel. Abraham ist für Paulus von zentraler Bedeutung, denn:

1. „Abraham hat Gott geglaubt, und das ist ihm zur Gerechtigkeit gerechnet worden.“ (Röm 4,3; Paulus bezieht sich hier auf Gen 15,6). Abraham glaubt also und wird gerecht, *bevor* das Gesetz in die Welt kommt.
2. Abraham erhält von Gott die Zusage: „Ich will segnen, die dich segnen …“ (Gen 12,3). Diese Zusage erfüllt sich nach Paulus in Jesus, den er als *den* Nachkommen Abrahams bezeichnet (Gal 3,16).

Nachdem Gott Abraham diese Zusage erteilt hat, und bevor er Jesus Christus auf die Erde sendet, gibt er durch Mose das Gesetz, oder besser: die Weisung, also die jüdische Thora (2Kor 3,7–16; Gal 3,17–25). Das entscheidende Heilsereignis steht aber noch aus: der Tod und die Auferstehung Jesu Christi (Röm 3,21–28; Gal 2,16). Als Mitglieder von Gottes geheiligtem Volk handeln die Glaubenden so, wie Gott es von ihnen erwartet (1Thess 4,1–12), bis der Herr Jesus Christus am Ende der Zeit wiederkommt (Parusie) und die Glaubenden für immer bei ihm sein werden (1Thess 4,13–17). In dieses Gerüst lassen sich nun versuchsweise einzelne – zum Teil umstrittene – Elemente der paulinischen Theologie einpassen.

Christologie

Im Zentrum der paulinischen Erzählung steht also das Christusgeschehen, insbesondere Tod und Auferstehung. Wir berühren hier den zentralen Unterschied zwischen dem Judentum und dem sich herausbildenden Christentum. Beide unterscheiden sich darin, wie sie die Person Jesu von Nazareth sehen: Für das Judentum war Jesus ein Mensch jüdischen Glaubens, für das Christentum ist Jesus gleichzeitig der Messias, also der Gesalbte oder – auf Griechisch – der Christus (s. o., Kapitel 2.2). Im Judentum gab und gibt es die Hoffnung auf einen Messias, also auf einen (politischen) „Retter". Nach jüdischem Verständnis war Jesus *nicht* dieser erhoffte Messias. Das Christentum hingegen bekennt sich zu Jesus als dem Christus. Dabei wird das jüdische Messiasverständnis im Christentum verändert. Alle Verfasser des Neuen Testaments sehen in Jesus mehr als „nur" einen Menschen. Für jeden einzelnen Verfasser ist gesondert zu fragen, wie dieses „mehr" genauer zu bestimmen ist. Die Christologie fragt nach diesen „Lehren von Jesus Christus". Für Paulus bildet das Christusgeschehen das Fundament für die Eschatologie, die Soteriologie und die Ethik (s. u.).

Eschatologie

Bei unserer Betrachtung von einzelnen Elementen der paulinischen Erzählung beginnen wir bei der Eschatologie. Wörtlich bedeutet Eschatologie die „Lehre von den letzten Dingen". Tatsächlich geht es aber nicht um eine Lehre, sondern um Hoffnungssätze, um Gottes Verheißungen. Wer sich auf diese Verheißungen einlässt, den betreffen die „letzten Dinge" – als Dinge von „äußerster Wichtigkeit" – schon jetzt. Die Eschatologie entwirft ein Bild von Gottes Vergangenheit, Gegenwart und Zukunft mit den Menschen.

Wie sahen eschatologische Erwartungen im Judentum zur Zeit Jesu aus? Die gegenwärtige, böse Welt wurde kontrastiert mit der zukünftigen, guten Welt. Der Umschlag würde am „Tag des Herrn" erfolgen – ein schrecklicher und herrlicher Tag des Gerichts und der Erlösung (z. B. Jes 13,6–9). Durch das Christusgeschehen veränderte sich dieses Bild für Paulus. Er meinte, wie die anderen Urchristen auch, dass die Wiederkunft Christi nahe war (Naherwartung; vgl. 1Thess 4,15; 1Kor 10,11). Das erste Kommen Christi und seine Auferstehung sah Paulus als Beginn der eschatologischen Endereignisse. Gott hat eschatologisch gehandelt – aber diese Handlung ist noch nicht zum Abschluss gekommen. Paulus ist überzeugt: Menschen, die an Jesus als den Christus glauben, sind bereits mit ihm gestorben

(Röm 6,4), sie sind bereits eine „neue Schöpfung" (2Kor 5,17), sie sind gerettet, „aber auf Hoffnung" (Röm 8,24). Noch „seufzt" die Schöpfung (Röm 8,22) und wartet auf den Tag des Herrn mit der Parusie.

„für uns gestorben"

Tod und Auferstehung Christi bewirken, dass Christen gerettet sind, wenn auch auf Hoffnung hin (Röm 8,24). Damit sind wir bei der Soteriologie, bei der „Lehre von der Rettung". Paulus teilt die urchristliche Überzeugung, nach der Jesus Christus „für uns" gestorben ist (Röm 5,8; 1 Kor 15,3; 2Kor 5,14; 1Thess 5,10). Aber wie genau stellt Paulus sich das vor? Warum bzw. wodurch sind wir, die wir an Jesus Christus glauben, durch seinen Tod gerettet?

Betrachten wir zu dieser Frage folgende Äußerungen des Paulus:

1. Ich rede aber von der Gerechtigkeit vor Gott, die da kommt durch den Glauben an Jesus Christus zu allen, die glauben. Denn es ist hier kein Unterschied: sie sind allesamt Sünder und ermangeln des Ruhmes, den sie bei Gott haben sollten, und werden ohne Verdienst gerecht aus seiner Gnade durch die Erlösung, die durch Christus Jesus geschehen ist. Den hat Gott für den Glauben hingestellt als Sühne in seinem Blut zum Erweis seiner Gerechtigkeit, indem er die Sünden vergibt … (Röm 3,22–25)
2. Was sollen wir nun sagen? Sollen wir denn in der Sünde beharren, damit die Gnade umso mächtiger werde? Das sei ferne! Wie sollten wir in der Sünde leben wollen, der wir doch gestorben sind? Oder wisst ihr nicht, dass alle, die wir auf Christus Jesus getauft sind, die sind in seinen Tod getauft? So sind wir ja mit ihm begraben durch die Taufe in den Tod, damit, wie Christus auferweckt ist von den Toten durch die Herrlichkeit des Vaters, auch wir in einem neuen Leben wandeln. (Röm 6,1–4)

Opfergedanke

In Röm 3,22–25 entfaltet Paulus das „für uns" im Sinne eines Opfergedankens. Seine „Erzählung" verläuft in etwa so: Die Menschen sind schuldig, weil sie Sünder sind. Deshalb sind sie dem Tode verfallen. Aber anstatt die Menschen tatsächlich zum Tode zu verurteilen, hat Gott Jesus Christus gesandt, der ohne

Sünde war (2Kor 5,21). Jesus Christus ist anstelle der Menschen gestorben, er hat sich für sie geopfert. Durch sein Blut kann Gott den Menschen vergeben. Diese Erzählung erinnert in einigen Zügen an Lev 16, wo Gott Mose befiehlt, einen Stier als „Sündopferbock des Volkes“ zu schlachten (vgl. unsere Rede vom „Sündenbock“).

Partizipation

In Röm 6,1–4 lesen wir zum selben Thema eine andere „Erzählung“. Statt des Opfergedankens begegnet uns hier die Idee der Teilhabe (Partizipation): Menschen leben „in Adam“, also unter der Herrschaft von Sünde und Tod. Der Mensch kann diesen Herrschaftsbereich nur durch den Tod verlassen. Jesus Christus wurde Mensch. Dadurch teilte er das Schicksal derer, die „in Adam“ leben. Er starb am Kreuz. Aber da Jesus Gott treu und gehorsam war, wurde er von Gott auferweckt als der Erstgeborene einer neuen, erlösten Menschheit. In der Taufe sterben die Täuflinge mit Christus. Damit legen sie ihr altes Leben „in Adam“ ab und werden eine neue Schöpfung, befreit von der Herrschaft der Sünde.

Paulus gibt also zwei unterschiedliche Antworten auf die Frage, wie er sich das „für uns“ vorstellt: Zum einen nimmt der sündlose Jesus Christus unsere Sünde auf sich und eröffnet damit die Möglichkeit, dass uns vergeben wird. Zum anderen entkommen wir dadurch dem Herrschaftsbereich der Sünde, dass wir mit Christus sterben, also an seinem Tod teilhaben.

Rechtfertigungslehre

In der Forschung ist umstritten, wie sich beide Antworten zueinander verhalten. Die Frage ist von erheblicher Bedeutung, denn sie entscheidet u. a. darüber, wie wir die sog. Rechtfertigungslehre des Paulus verstehen. „Rechtfertigungslehre“ meint die Lehre bezüglich der Frage, wie der Mensch, der ja Sünder ist, vor Gott gerecht werden kann. Bei dem Stichwort „Rechtfertigungslehre“ fällt uns vielleicht als erstes Martin Luther ein. Religionsbücher erzählen von dem verzweifelten Bemühen Luthers, vor Gott zu bestehen, und von seiner „reformatorischen Erkenntnis“: Gott ist kein Gott, der uns nach unseren Werken gerecht richtet, sondern einer, der uns aus Gnade für gerecht erklärt. Zu dieser Erkenntnis kam Luther – so schreibt er selbst rückblickend – als er Röm 1,17 las: „Denn darin wird offenbart die Gerechtigkeit, die vor Gott gilt, welche kommt aus Glauben in Glauben; wie geschrieben steht: ‚Der Gerechte wird aus Glauben leben.'" Gerade in Deutschland sind wir aufgrund dieser Überlieferung oft geneigt, die paulinische Rechtfertigungslehre im Sinne Luthers zu verstehen. Aber Paulus bezieht die „Rechtfertigung" nicht (in erster Linie) auf die Frage der individuellen Heilsaneignung, also auf die Frage: „Wie bekomme ich einen gnädigen Gott?" Paulus war vor seiner Berufung – anders als der junge Luther – nicht von Gewissensbissen geplagt (vgl. Phil 3,5–6). Man wird daher das (vermeintlich) lutherische Verständnis der paulinischen Rechtfertigungslehre nicht ungeprüft übernehmen dürfen. Tatsächlich ist in der Forschung höchst umstritten, wie Paulus das „gerecht werden durch den Glauben" verstand. Betrachten wir eine zentrale Aussage zur Rechtfertigung, die Paulus im Brief an die Gemeinden in Galatien formuliert, etwas genauer (2,16): „Doch weil wir wissen, dass der Mensch durch Werke des Gesetzes nicht gerecht wird, sondern durch den Glauben an Jesus Christus, sind auch wir zum Glauben an Christus Jesus gekommen, damit wir gerecht werden durch den Glauben an Christus und nicht durch Werke des Gesetzes; denn durch Werke des Gesetzes wird kein Mensch gerecht." In der Forschung ist fast jedes Wort dieses Verses in seiner Bedeutung umstritten:

Auslegungen zur Rechtfertigungslehre

a) „nicht durch Werke des Gesetzes"

Wir beschränken uns hier zunächst auf die Beobachtung, dass der Mensch *nicht* durch Werke des Gesetzes – was immer damit gemeint ist (s. u., Kapitel 3.4) – gerecht wird.

b) gerecht werden

Im Griechischen steht hier das Verb *diakioun*, das unterschiedlich übersetzt werden kann:

1. Das Verb kann hier „für gerecht erklären" bedeuten. Wir befinden uns in der Sprache des Rechts. Gott als Richter urteilt über den Menschen: Du bist gerecht! – Und das, obwohl er eigentlich schuldig ist. Dem Sünder wird der Status des Gerechten zugeschrieben. Die lutherische Tradition

hat das als „forensische“ (am Bild des Gerichts orientierte) Auslegung bezeichnet.

2. Das Verb kann aber auch bedeuten: „gerecht machen“. Der Mensch wird also tatsächlich verändert. Inwiefern? Ein Mensch, den Gott gerecht gemacht hat, steht im richtigen Verhältnis zu Gott. Der Ausdruck „gerecht werden“ ist nicht im Sinne eines richterlichen Urteils zu verstehen, sondern er beschreibt den Übergang des Menschen von einem Reich bzw. Herrschaftsgebiet in ein anderes. Der Mensch wird dadurch, dass er gerecht wird, in das Volk Gottes eingegliedert.

Die beiden Übersetzungsmöglichkeiten erinnern an die zwei unterschiedlichen Deutungen des Todes Jesu Christi „für uns“: Die Vorstellung, dass Jesus Christus unsere Sünde auf sich nimmt und uns dadurch die Möglichkeit eröffnet, dass uns vergeben wird, fügt sich in das Verständnis der Rechtfertigungslehre im Sinne einer Gerichtsverhandlung: Gott als Richter kann den schuldigen Menschen deshalb für gerecht erklären, weil Jesus Christus seine Schuld auf sich genommen hat. Die Vorstellung, nach der wir dadurch Vergebung erfahren, dass wir mit Jesus Christus sterben, fügt sich in das Verständnis der Rechtfertigungslehre im Sinne eines Übergangs in das Herrschaftsgebiet Gottes.

c) „durch den Glauben an Jesus Christus“

So lautet die übliche Übersetzung. Wörtlich übersetzt steht im griechischen Text: „durch den Glauben Jesu Christi“. Dieser Genitiv kann auch bedeuten: „durch den Glauben, den Jesus Christus hat“. Jesus Christus ist also entweder das Objekt des Glaubens (Glaube an Jesus Christus) oder das Subjekt des Glaubens (Glaube, den Jesus Christus hat). Je nach Übersetzung verschiebt sich die Bedeutung. Im ersten Fall werden wir dadurch gerecht, dass wir an Jesus Christus glauben. Im zweiten Fall werden wir dadurch gerecht, dass Jesus Christus glaubt. Was könnte das heißen, „dass Jesus Christus glaubt“? Im Griechischen steht hier das Wort *pistis*, das auch „Vertrauen“ bedeuten kann (vgl. Röm 3,3). Im Sinne der „Erzählung“ des Paulus (s. o.) könnte also gemeint sein, dass Jesus Christus – anders als Adam – Gott vertraut hat. Deshalb können wir durch ihn gerecht werden.

Ethik

Obwohl diejenigen, die an Christus glauben, „in ihm leben" und gerechtfertigt sind, führen sie nicht „automatisch" ein christliches, tugendhaftes Leben. Das war zur Zeit des Paulus nicht anders als heute. Deshalb bedenkt auch der Apostel in seiner Ethik die Frage, wie man (als Christ/in!) leben soll. Dabei hat der Indikativ Vorrang vor dem Imperativ. Was heißt das? Indikativische Sätze stellen etwas fest, in unserem Fall: „Ihr seid gerettet." (vgl. Röm 8,24) Imperativische Sätze fordern zu einem bestimmten Verhalten auf, z. B.: „Stellt euch Gott zur Verfügung." (Röm 6,13). Theoretisch sind zwei Kombinationen dieser beiden Aussagen denkbar:

1. „Wenn ihr euch Gott zur Verfügung stellt, werdet ihr gerettet." Hier ist der Imperativ dem Indikativ vorgeordnet. Das richtige Verhalten wird zur Bedingung für die indikativische Zusage. So macht Paulus es *nicht*.
2. „Ihr seid gerettet. Also stellt euch Gott zur Verfügung." Hier ist der Indikativ dem Imperativ vorgeordnet. Das richtige Verhalten ist eine (wünschenswerte) Konsequenz aus der Rettung. Dies ist die Überzeugung des Paulus, die er prägnant in Gal 5,25 formuliert: „Wenn wir im Geist leben, so lasst uns auch im Geist wandeln."

Quellen der Ethik

Die paulinische Ethik verdankt sich vier unterschiedlichen Quellen, deren jeweilige Bedeutung umstritten ist:

1. In Einzelfällen verweist Paulus auf die Lehre Jesu. „Den Verheirateten gebiete nicht ich, sondern der Herr: Die Frau soll sich vom Mann nicht trennen – wenn sie sich aber trennt, soll sie unverheiratet bleiben oder sich wieder mit ihrem Mann versöhnen …" (1Kor 7,10–11; vgl. Mk 10,11–12).
2. Paulus greift auf jüdische Schriften und Traditionen zurück, um ethische Anweisungen zu untermauern. Seine Verurteilung der Homosexualität (Röm 1,26–27) findet sich ähnlich in jüdischen Schriften (Weish 13–15). Hier wird deutlich, dass es grundsätzlich nicht möglich ist,

ethische Anweisungen und Urteile aus der Bibel ungeprüft in unsere Zeit zu übertragen.

3. Wahrscheinlich schlägt sich auch die griechisch-römische Tradition in der paulinischen Ethik nieder, v. a. in der Forderung nach Selbstdisziplin (1Kor 7,5; 9,25–27).
4. Schließlich ist die paulinische Ethik von einer Naherwartung geprägt. Er begründet seine Forderung, nicht zu heiraten, u. a. damit, dass „die Zeit kurz ist" (1Kor 7,29).

Stellung der Frau in der Gemeinde

Mit Paulus verbinden wir oftmals auch eine abwertende Haltung gegenüber Frauen. Tatsächlich heißt es im 1Kor: „Wie es in allen Gemeinden der Heiligen üblich ist, sollen die Frauen in der Versammlung [dem Gottesdienst] schweigen … Sie sollen sich unterordnen, wie auch das Gesetz es fordert." (14,33–34). In der katholischen Kirche gibt es bis heute keine weiblichen Priester. In der Exegese wird diskutiert, ob die zitierte Passage aus dem 1Kor eine spätere Hinzufügung darstellt, die nicht von Paulus selbst stammt. In jedem Fall finden sich in den deutero-paulinischen (s. o., Kapitel 3) Briefen weitere Bemerkungen zur untergeordneten Stellung der Frau (s. u., Kapitel 7). Offensichtlich gab es im Urchristentum eine Tendenz, Frauen aus führenden Positionen in den Gemeinden zu verdrängen. So wurde aus Junia (Röm 16,7) in jüngeren Handschriften Junias.

3.4 Die gegenwärtige Forschungsdiskussion

jüdisch-christlicher Dialog

Wir haben gesehen, dass die Auslegung der paulinischen Theologie in vielen Punkten umstritten ist. Im Zentrum dieser Diskussion steht nach wie vor die Frage, inwiefern bzw. wie sehr sich der Glaube des Apostels Paulus von dem früheren Glauben des Pharisäers Paulus unterscheidet. Diese Frage ist für die gesamte Geschichte des Urchristentums von Bedeutung. Denn sie berührt das Problem, wie und warum das Christentum schließlich zu einer Religion neben dem Judentum wurde, statt eine innerjüdische „messianische" Gruppierung zu bilden. Das Verhältnis von Judentum und Christentum steht also zur Debatte. Wie dachte der Apostel Paulus über diese Frage? War er der Meinung, dass Gott sein Volk Israel verstoßen habe? Glaubte er, dass die Gemeinden, die sich zu Jesus als dem Christus bekannten, das Judentum als Volk Gottes abgelöst hätten?

Diese Fragen sind für den jüdisch-christlichen Dialog von erheblicher Bedeutung: (Inwiefern) Liegt in den paulinischen Briefen eine Wurzel des Antisemitismus? Können/Sollten Christen davon ausgehen, dass nur sie gerettet sind, oder werden auch Angehörige anderer Religionen (und wenn ja, welcher?) gerettet? Sollten Christen versuchen, andersgläubige Menschen – insbesondere Juden – zu bekehren? Paulus kann uns diese Fragen natürlich nicht letztgültig beantworten. Aber wir können versuchen, seine Briefe auf diese Fragen hin zu untersuchen und uns dann mit den Antworten, die wir (vielleicht) erhalten, (auch kritisch) auseinandersetzen.

Wir gehen an dieser Stelle zwei Themenbereichen nach und versuchen, sie in den jeweiligen (jüdischen oder gerade nicht mehr jüdischen) Rahmen zu stellen:

1. Wie stellt sich Paulus zum jüdischen Gesetz, also zur Thora?
2. Wie sieht Paulus das zukünftige Geschick Israels?

Christus und Gesetz

Zur ersten Frage: Die Thora ist der geoffenbarte Wille Gottes (Ex 20: 10 Gebote; Röm 2,17f.), sie ist Gottes Wort (vgl. Röm 3,2). Als Gottes Gabe zeichnet sie Israel vor allen Völkern aus. Die Gebote der Thora sind der Maßstab, nach dem die Menschen im Endgericht gerichtet werden (4Esra 7,37; 70-73; Röm 2,6–11; Gal 5,19–23). Die „Grunderzählung" (s. o., Kapitel 3.3) des Paulus hat bereits deutlich gemacht, dass die Kernfrage hinsichtlich der Thora darin besteht, wie sich die Gabe des jüdischen Gesetzes zum Kommen und Sterben Jesu Christi verhält. Zu dieser Frage äußert sich Röm 10,4, ein Vers, der in der Lutherübersetzung wie folgt lautet: „Denn Christus ist des Gesetzes Ende; wer an den glaubt, der ist gerecht." Möglich ist allerdings auch die Übersetzung: „Denn Christus ist des Gesetzes Ziel; wer an den glaubt, der ist gerecht." Diese beiden Übersetzungsmöglichkeiten können die Extrempole zu der Frage markieren, wie Thora und Christusgeschehen sich zueinander verhalten: Löst Jesus Christus nach paulinischem Verständnis das Gesetz ab, wollte Paulus also das Gesetz abschaffen? Oder führt Paulus das jüdische Thoraverständnis fast ungebrochen weiter in dem Sinne, dass die Thora durch den Glauben an Christus aufgerichtet werde (vgl. Röm 3,31)?

Werkgerechtigkeit

Eine „klassische" Auslegung in lutherischer Tradition sieht in etwa so aus: Als Pharisäer versuchte Paulus sich seine Erlösung zu verdienen, indem er dem jüdischen Gesetz gehorchte. Allerdings wurde ihm klar, dass er scheitern musste (vgl. Röm 7,7–25). Seine Bekehrung bedeutete die Befreiung von dieser Versklavung an eine legalistische Religion, also eine Religion, die die Befolgung des Gesetzes in den Mittelpunkt stellt. Paulus verstand nun, dass Erlösung ein Geschenk Gottes aus Gnade ist und nicht verdient werden kann. Diese göttliche Gnade manifestiert sich in der Sendung des Sohnes Jesus Christus. Paulus kritisiert also das jüdische Gesetz – und damit die jüdische Religion insgesamt – weil die Befolgung von Geboten niemals zur Erlösung führen kann. Hierin bestehe der fundamentale Irrtum des Judentums. Die Bekehrung des Paulus markiert demnach die Wende vom Leben unter dem Gesetz zum Leben unter der Gnade. Gott gab das Gesetz, um den Menschen zu zeigen, dass sie Sünder sind und der Erlösung aus Gnade bedürfen. Dieser Auslegungstyp charakterisiert das Judentum zur Zeit des Paulus mit dem Konzept der Werkgerechtigkeit. Es unterstellt dem Judentum die Überzeugung, sich durch die Befolgung des Gesetzes (aus eigener Kraft) gerecht machen zu können.

Die aktuelle Forschung richtet zwei kritische Anfragen an diesen Auslegungstyp:

1. Wird diese Auslegung dem Selbstverständnis des Judentums zur Zeit des Paulus gerecht?
2. Wird diese Auslegung der Theologie des Paulus gerecht?

Bundesnomismus

Bezüglich der ersten Frage ist sich die aktuelle Forschung einig darin, dass das Judentum in der oben skizzierten Auslegung unzutreffend dargestellt wird. Die Abkehr von dieser Auslegungstradition wird als „neue Paulusperspektive" bezeichnet.

Insbesondere das Werk von Ed P. Sanders ist hier einflussreich. Sanders geht davon aus, dass das theologische Fundament des Judentums zur Zeit des Paulus nicht in einer „Werkgerechtigkeit" liegt, sondern im „Bundesnomismus". Für Sanders sind bei der Betrachtung von Religionen zwei Fragen strukturgebend: die Frage nach dem „Hineinkommen" und die Frage nach dem „Darinbleiben". Die Frage nach dem „Hineinkommen" beantwortet das Judentum nicht etwa mit der „Werkgerechtigkeit", sondern mit der Erwählung Gottes, bzw. mit dem Bund, den Gott aus freien Stücken mit seinem Volk schließt (vgl. Gen 9; 17; Ex 20). Nicht das Tun, sondern die Erwählung führt zum Heil. Das „Hineinkommen" beruht insofern auf Gnade. Das „Darinbleiben" erfordert die Beachtung der Thora (auf Griechisch: nomos), aber wichtig ist, dass der Bund dem Gesetz, also dem nomos, vorgeordnet bleibt (daher: Bundesnomismus). Dieses „neue" Bild des Judentums wird in der Forschung – mit einigen Abstrichen – von vielen akzeptiert.

Werke des Gesetzes

Umstrittener ist die Frage, ob die Auslegung von Sanders der Theologie des Paulus gerecht wird (s. Frage 2). Grundsätzlich gibt es heute ein größeres Bewusstsein dafür, dass wir unterscheiden müssen zwischen der Selbstwahrnehmung des Judentums zur Zeit des Paulus, und der Art, wie Paulus den jüdischen Glauben – z. T. vielleicht in polemischer Verzerrung? – darstellt. Von der Frage, wie sich das Judentum zur Zeit des Paulus fair charakterisieren lässt, ist also die andere Frage zu unterscheiden, was Paulus am jüdischen Gesetz kritisiert. Genauer formuliert: Was meint Paulus mit den „Werken des Gesetzes", durch die der Mensch nicht gerecht wird (s. o., Kapitel 3.3)? Geht es in erster Linie um Gebote oder um Taten, also die Erfüllung dieser Gebote? Sind alle Gebote/Taten im Blick oder nur bestimmte? Rudolf Bultmann (1884–1976) fasste den Begriff sehr weit und setzte die „Werke des Gesetzes" mit den menschlichen Taten allgemein gleich. Paulus kritisiere das Bemühen des Menschen, durch eigenes Tun gerecht zu werden. Schon das Streben nach Thoraerfüllung sei daher falsch und sündig. Diese Auslegung wird heute allgemein abgelehnt. Vielleicht meinen die „Werke des Gesetzes" alle in den fünf Büchern Mose geforderten Gebote (samt ihrer Erfüllung). Paulus kritisiert nicht den Versuch, diese Gebote zu erfüllen, sondern im Gegenteil ihre faktische Nichterfüllung. Vielleicht ist die Bedeutung aber noch enger zu fassen, und Paulus meint mit den „Werken des Gesetzes" nur bestimmte Gebote, nämlich diejenigen, die Juden von Heiden unterscheiden (also v. a. die Beschneidung und die Speisegebote). Paulus kritisiert dann die Art, wie Juden mittels des Gesetzes die Grenze zwischen sich und den Heiden markieren. Er fordert eine universale Öffnung des Judentums.

Widersprüche

Eine Entscheidung in dieser Frage wird dadurch erschwert, dass die paulinischen Aussagen zur Thora in sich z. T. widersprüchlich sind. Nach jüdischem Verständnis ist die Thora mit ihren Einzelgeboten grundsätzlich praktikabel und erfüllbar. „Wenn du willst, kannst du das Gebot halten." (Sir 15,15) Paulus greift diese Überzeugung in Phil 3,6 auf, wenn er behauptet, er sei „nach der Gerechtigkeit, die das Gesetz fordert, untadelig gewesen". Aber der Apostel bricht in doppelter Hinsicht mit dieser Überzeugung: Zum einen ist diese „Untadeligkeit" angesichts des Christusgeschehens wertlos geworden (Phil 3,7). Zum anderen ist es faktisch so, dass keiner das Gesetz wirklich erfüllt. Alle Menschen – Juden wie Heiden – sind Sünder (Röm 3,23). Insofern vertritt Paulus eine pessimistischere Lehre vom Menschen (Anthropologie) als die Mehrheit der Juden seiner Zeit. Allerdings rechnet Röm 2,14f. mit einer (teilweisen oder nur hypothetischen?) Erfüllung des Gesetzes durch die Heiden, und Paulus kann davon sprechen, dass die, die an Christus glauben, nun in neuer Weise im Geist die Thora erfüllen (Gal 5,14ff.; Röm 8,4; 13,8–10).

Israels Schicksal

Zur zweiten Frage, wie Paulus die Zukunft Israels sieht: Angesichts des zukünftigen Geschickes Israels steht Paulus vor einem Dilemma: Einerseits ist er überzeugt davon, dass Rettung für Juden und Heiden nur in und durch Christus möglich ist (vgl. Röm 1,18–3,20). Andererseits hält er daran fest, dass Gott zu seinen Zusagen an Israel – insbesondere seiner Erwählung – steht (Röm 11,1.29). In Röm 9–11 versucht er in mehreren Anläufen, beide Aussagen zu verbinden. In 9,6–13 unterscheidet Paulus zwischen „Israeliten" und denen, „die von Israel herstammen" (9,6). Nur die „wahren" Israeliten sind von Gott in freier Souveränität erwählt (9,14–29). In einem zweiten Anlauf (9,30–11,10) verwendet Paulus die jüdische Tradition vom „Rest" (vgl. z. B. Amos 9,12): „So ist nun auch in der gegenwärtigen Zeit ein Rest gemäß der Auswahl vonseiten der Gnade zustande gekommen … Was Israel erstrebte, das hat es nicht erlangt, die Auserwählten aber haben es erlangt.“ (Röm 11,5.6) Die Argumentation erreicht in 11,11–36 ihren Höhepunkt: Paulus warnt die (Heiden-) Christen davor, sich über die Juden zu erheben. Er benutzt das Bild vom Ölbaum, der für das Judentum steht (11,17–24). Aus diesem Baum hat Gott „infolge ihres Unglaubens“ einige Zweige (also Juden) herausgebrochen (11,20) und Heiden (infolge ihres Glaubens an Jesus Christus) eingepfropft. Gott kann aber auch eingepfropfte Zweige herausbrechen (11,21), und er kann herausgebrochene Zweige wieder einpfropfen (11,23). Dieses Bild ist in einen letzten Gedankengang eingefügt: Die Abkehr Israels habe dazu geführt, dass das Evangelium den Heiden verkündet werde. Dadurch entstehe wiederum ein Anreiz für Israel, den Heiden nachzueifern (11,11). So werde zuerst „die Vollzahl der Heiden“ eingehen (11,25), bis auf diese Weise „ganz Israel gerettet werden wird“ (11,26).

Sonderweg für das Judentum?

Was meint Paulus mit dieser Formulierung „ganz Israel“? Meint er jeden individuellen Israeliten, der je gelebt hat? Oder meint er nur die „wahren“ Israeliten, von denen in 9,6–29 die Rede war? Meint er das Judentum oder das „neue“ Israel aus Judenchristen (vgl. Gal 6,16)? Will Paulus sagen, dass Israel gerettet werden wird, wenn es (schließlich doch noch) zum Glauben an Jesus Christus kommt, oder räumt er dem Judentum einen „Sonderweg“ ein, der besagt, dass Gott die Juden aufgrund seiner Zusagen an dieses Volk – *als Juden* (an Jesus Christus „vorbei“) retten wird? Diese Frage ist in der Paulusforschung heftig umstritten. Sie ist grundsätzlich von dem Problem zu unterscheiden, wie wir uns selbst zu dieser Frage stellen.

Impulse:

Impulse

1. Wie argumentiert Paulus beim „Antiochenischen Zwischenfall“ gegen Petrus (Gal 2,14)? Formulieren Sie eine Antwort des Petrus, in der er seine Position verteidigt und inszenieren Sie ein Streitgespräch. Wer hat Ihrer Meinung nach recht?

2. Sie sind heidenchristliches Mitglied einer Gemeinde, die sich aus Heiden- und Judenchristen zusammensetzt. Ein Judenchrist fragt Sie um Rat, ob er seinen Sohn beschneiden lassen solle oder nicht – und ob er eine Konfrontation mit Paulus riskiert, wenn er ihn beschneiden lässt. Was raten Sie ihm? Begründen Sie Ihre Meinung. Äußern Sie sich auch dazu, wie sich Ihre Einschätzung zu derjenigen des Paulus verhält.
3. Wo beginnt der Briefschluss des 1. Korintherbriefes? Welche typischen Gattungselemente tauchen hier auf?
4. Lesen Sie 1Thess 4,1–5,11. Formulieren Sie eine Anfrage der thessalonischen Christen, auf die Paulus mit diesem Text reagiert.
5. Diskutieren Sie die zeitliche Reihenfolge der paulinischen Briefe.
6. Was versteht man unter „Kreuzestheologie"?
7. Was bedeutet „partizipatorische Christologie"? Wo finden wir so etwas bei Paulus?
8. „Werke des Gesetzes" – was könnte damit gemeint sein?
9. Sollten Christen versuchen, Juden zum Christentum zu bekehren? – Argumentieren Sie mit Paulus.

4. Die synoptischen Evangelien

Evangelium als Heilsbotschaft

Was ist ein Evangelium? Der griechische Begriff lässt sich übersetzen im Sinne von „froher Botschaft“ oder „Guter Nachricht“ (daher die „Gute-Nachricht“-Übersetzung der Bibel). Evangelium ist also ursprünglich nicht die Bezeichnung für eine bestimmte Art von Literatur, sondern es bezeichnet die Botschaft selbst. So kann Paulus im Brief an die Gemeinden in Galatien formulieren: „Denn ich erkläre euch, Brüder: Das Evangelium, das ich verkündigt habe, stammt nicht von Menschen.“ (1,11) Paulus schreibt diesen Satz ca. 15 Jahre vor der Entstehung des ältesten uns bekannten Evangeliums, des Markusevangeliums. Er bezieht sich hier also nicht auf eine Schrift, sondern auf seine mündliche Botschaft von Jesus Christus, die er den Menschen in Galatien verkündet hat. Das Markusevangelium beginnt mit den Worten: „Anfang des Evangeliums von Jesus Christus, dem Sohn Gottes“ (1,1). Damit ist zunächst wiederum die Heilsbotschaft von Jesus Christus gemeint und nicht eine bestimmte Literaturgattung. Aufgrund dieser Bucheinleitung wurde das Wort „Evangelium“ dann aber zur Bezeichnung einer literarischen Gattung.

Evangelium als literarische Gattung

Was zeichnet das Evangelium als literarische Gattung aus? Es handelt sich dabei um erzählende (narrative) Texte, die in theologischer Absicht vom Leben und Sterben sowie von der Auferstehung Jesu sprechen. Die Gattung der Evangelien beinhaltet damit eine grundlegende theologische Aussage. Sie betont durch ihr Interesse am Lebens- und Leidensweg Christi, dass die christliche Botschaft an die Geschichte eines Menschen gebunden ist. Paulus hatte sich kaum für das Leben und die Botschaft des irdischen Jesus interessiert (s. o., Kapitel 3.3). Für ihn war wichtig, dass Jesus Christus „für uns“ gestorben ist und von Gott auferweckt wurde. Passion und Auferstehung haben auch in den

Evangelien erhebliches Gewicht, aber nun in erzählender Form. Außerdem erfahren die Leser etwas darüber, was Jesus vor seiner Passion gesagt und getan hat. Die Geschichte von Leben, Tod und Auferstehung Jesu Christi erhält in den Evangelien eine theologische Bedeutung.

Evangelium als Verkündigung

Evangelien verbinden Geschichte und Verkündigung. Sie erzählen von Jesus, seinen Jüngern und seinen Gegnern. Das Geschehen spielt in Galiläa, in Samarien und in Jerusalem um das Jahr 30 n. Chr. Diese Geschichten wollen aber gleichzeitig Verkündigung sein, d. h. sie wenden sich in theologischer Absicht an Hörer und Leser, die deutlich später an anderen Orten leben. Die Adressaten der Evangelien, die sich prinzipiell an ein unbegrenztes Publikum wenden, sollen sich durch die Geschichte von Jesus Christus selbst angesprochen fühlen. Dabei wenden sich die Evangelien nur sehr selten direkt an ihre Leser. Das Publikum soll sich vielmehr indirekt in bestimmten Personengruppen, die im Evangelium auftauchen, wiederfinden (z. B. in den Jüngern und Jüngerinnen) und Aussagen Jesu auf sich selbst beziehen.

4.1 Das Markusevangelium

Grobgliederung

Das Markusevangelium lässt sich nach geographischen Gesichtspunkten in zwei große Teile gliedern: Der erste Teil (1,1–8,21) spielt in Galiläa, der zweite (11,1–16,8) in Jerusalem, das in Judäa liegt. Im Zentrum des Evangeliums befindet sich ein Abschnitt, der wesentliche theologische Motive des Evangeliums bündelt. Jesus befindet sich hier auf dem Weg von Galiläa nach Jerusalem (8,22–10,52).

Beginn des Wirkens Jesu in Galiläa

Das Markusevangelium setzt ein mit Johannes dem Täufer (1,2–10) und erzählt dann von der Taufe (1,9–11) und der Versuchung Jesu (1,12f.). In 1,15 wird das „Evangelium Gottes", das Jesus in Galiläa predigt, prägnant zusammengefasst: „Die Zeit ist erfüllt, das Reich Gottes ist nah. Kehrt um und glaubt an das Evangelium!" Auf die Berufung der ersten Jünger (1,16–20) folgen erste Wundererzählungen (1,21–2,12) sowie Streit- bzw. Schulgespräche (2,13–27; s. o., Kapitel 2.6). Das 3. Kapitel erzählt von weiteren Wunderhandlungen (3,1–12; 22–27), von der Berufung von zwölf Jüngern (3,13–19) und davon, dass Jesu

Angehörige meinen, „er ist von Sinnen" (3,21). Jesus äußert sich daraufhin dazu, wer seine „wahren Verwandten" seien: „Wer den Willen Gottes erfüllt, der ist für mich Bruder und Schwester und Mutter." (3,35).

Gleichnisse

Das 4. Kapitel enthält mehrere Gleichnisse: das Gleichnis vom Sämann (4,1–9) samt Deutung (4,13–20), die Bildworte vom Licht und vom rechten Maß (4,21–25) und das Gleichnis vom Senfkorn (4,30–32). Für uns rätselhaft und vielleicht sogar anstößig ist die Äußerung Jesu zum Sinn der Gleichnisse (4,11–12): „Euch [den Jüngern] ist das Geheimnis des Reiches Gottes gegeben; denen aber, die draußen sind, wird alles in Gleichnissen gesagt: denn sie sollen sehen; sehen, aber nicht erkennen; hören sollen sie; hören, aber nicht verstehen, damit sie sich nicht bekehren und ihnen nicht vergeben wird."

Parabeltheorie

Man spricht in diesem Zusammenhang vom Parabelgeheimnis oder auch von der Parabeltheorie. Gleichnisse erscheinen hier – entgegen unserem üblichen Verständnis – nicht etwa als Mittel, um die Botschaft Jesu leichter verständlich zu machen, sondern im Gegenteil als verschlüsselte Rede, die nur einige verstehen können und sollen. Die Grenze zwischen denen, die verstehen, und denen, die nicht verstehen, ist deutlich gezogen: Das Volk, die Außenstehenden, verstehen nicht, den Jüngern hingegen sind die Geheimnisse des Gottesreiches gegeben. Was ist der Sinn dieses Parabelgeheimnisses? Vielleicht darf man es mit Klaus Berger (geb. 1940) so deuten: „Wer die Lehre Jesu nur oberflächlich begreift, im Sinne einer schönen ‚Geschichte', der bleibt draußen und wird dadurch verführt, dass das Gleichnis ja in sich stimmig ist. Wer dagegen den tieferen Sinn erfassen will, ist dazu darauf angewiesen, noch einmal auf Jesus zu hören und sein Jünger zu werden." (Berger, 60)

Jesu Wirken in Galilä

Das 4. Kapitel endet damit, dass Jesus mit seinen Jüngern auf den See Genezareth hinausfährt, wo sie von einem Sturm überrascht werden. Jesus bringt den Sturm zum Erliegen, und die Jünger fragen: „Was ist das für ein Mensch, dass ihm sogar der Wind und der See gehorchen?" In den Kapiteln 5–8 finden wir weitere Wundergeschichten, wir erfahren von der Ablehnung Jesu in Nazaret, seiner Vaterstadt (6,1–6), und von der Hinrichtung des Täufers durch Herodes Antipas, den damaligen Herrscher in Galiläa (6,17–29). Jesus äußert sich zu der Frage von Reinheit und Unreinheit (7,1–23). Pointiert heißt es: „Nichts, was von außen in den Menschen hineinkommt, kann ihn unrein machen, sondern was aus dem Menschen herauskommt, das macht ihn unrein." (7,15) Also: Nicht Unreinheit steckt an, sondern Reinheit. Die jüdischen Reinheitsgebote werden aufgrund dieser Überzeugung außer Kraft gesetzt: Alle Speisen sind rein (7,19). Das, was aus dem Menschen herauskommt, sind die bösen Gedanken (7,19.21). Diese Grundhaltung gegenüber der jüdischen Unterscheidung von rein und unrein kann erklären, warum Jesus sich „bedenkenlos" Menschen nähern kann, die nach jüdischem Verständnis als unrein gelten: Zöllnern, Heiden, Kranken. Die Tischgemeinschaft Jesu mit Zöllnern und Sündern orientiert sich nicht an jüdischen Ritualvorschriften, denn: „Nicht die Gesunden brauchen einen Arzt, sondern die Kranken!" (2,17a).

Mittelteil

Der zentrale Mittelteil ist sorgfältig durchkomponiert: Den Rahmen bilden zwei Blindenheilungen (8,22–26; 10,46–52). Sie haben wohl metaphorischen Charakter: Den Jüngern und Jüngerinnen und mit ihnen der markinischen Gemeinde sollen die Augen geöffnet werden, wer dieser Jesus von Nazaret ist: Der Messias/Christus, der leidende Menschensohn, der die Menschen in die Nachfolge ruft, obwohl diese Nachfolge mit Leiden verbunden ist (vgl. besonders 8,34–9,1). Auf das Messiasbekenntnis durch Petrus (8,27–30) folgen drei parallel aufgebaute Blöcke: Zunächst eine Leidensankündigung (8,31; 9,31; 10,32–34), in der Jesus sein Leiden, seinen Tod und seine Auferstehung nach drei Tagen ankündigt, dann das Motiv des Jüngerunverständnisses (s. u., 8,32b.33; 9,32–34; 10,35–40), schließlich eine Jüngerbelehrung (8,34–9,1; 9,35–37; 10,41–45). Nach dem ersten Block ist die sogenannte Verklärungsgeschichte eingeschoben (9,2–10): Jesus nimmt Petrus, Jakobus und Johannes mit auf einen hohen Berg. Dort erscheinen ihnen Elia und Mose, die mit Jesus reden. Petrus möchte für Elia, Mose und Jesus drei Hütten bauen. Eine himmlische Stimme sagt: „Das ist mein geliebter Sohn. Auf ihn sollt ihr hören." (9,7) Als Jesus mit seinen Jüngern vom Berg hinabsteigt, verbietet er ihnen, „ irgendjemandem davon zu erzählen, was sie gesehen hatten, bis der Menschensohn von den Toten auferstanden sei“ (9,9).

Jesu Wirken in Jerusalem

Im Mittelpunkt des zweiten Hauptteils steht die Passion. Das Volk begrüßt Jesus in Jerusalem mit dem Ruf: „Hosianna! Gelobt sei der, der da kommt im Namen des Herrn!“ (11,9). Jesus treibt die Händler und Käufer aus dem Tempel, und die Hohepriester (s. u., Kapitel 7.) und Schriftgelehrten (s. o., Kapitel 2.6) suchen nach einer Möglichkeit, ihn umzubringen (11,15–19). Im Gleichnis von den bösen Weinbergspächtern (12,1–12) kündigt Jesus ihnen an, den Weinberg, also das Gottesreich, von ihnen zu nehmen (12,9). Das bringt sie weiter gegen Jesus auf, aber noch „fürchteten sie sich vor dem Volk“ (12,12). Es folgen mehrere Streit- bzw. Schulgespräche. Im 13. Kapitel kündigt Jesus an, dass von „diesen großen Bauten“ kein Stein auf dem anderen bleiben wird (13,2). Er spricht von Kriegen und Verfolgungen, warnt vor „falschen Christussen“ (13,22) und kündigt das Kommen des Menschensohnes „in den Wolken“ an (13,26; vgl. Dan 7,13f.). Das 14. Kapitel erzählt vom Verrat Jesu durch Judas und vom letzten Mahl Jesu mit seinen Jüngern (14,10–25), von der Gefangennahme Jesu im Garten Getsemani (14,32–52) und von der dreimaligen Verleugnung Jesu durch Petrus (14,66–72). Im 15. Kapitel erfährt der Leser von der Verurteilung Jesu durch Pilatus sowie von der Kreuzigung und dem Begräbnis Jesu. Das 16. Kapitel erzählt, wie die Frauen zum Grab Jesu gehen, um ihn zu salben. Als sie dort ankommen, finden sie das Grab offen. Ein junger Mann in weißem Gewand sitzt im Grab und sagt: „Erschreckt nicht! Ihr sucht Jesus von Nazaret, den Gekreuzigten. Er ist auferstanden, er ist nicht hier. Seht, da ist die Stelle, wo man ihn hingelegt hatte. Nun aber geht und sagt seinen Jüngern, vor allem Petrus: Er geht euch voraus nach Galiläa; dort werdet ihr ihn sehen, wie er es euch gesagt hat.“ (16,6–7; vgl. 14,28). Die Frauen fliehen vor lauter Schreck. Das Evangelium endet mit dem Satz: „Und sie sagten niemandem etwas. Denn sie fürchteten sich.“ (16,8).

Erzählstruktur

Erzählungen haben, wenn sie in sich stimmig sind, einen bestimmten, nachvollziehbaren Aufbau. Es lassen sich Spannungsbögen verfolgen und stärkere oder schwächere Zäsuren setzen. Die Erzählung des Markusevangeliums weist zwei Spannungsbögen auf (Schnelle 2007, 386f.).

1. Spannungsbogen

Der erste Spannungsbogen beschreibt den Konflikt Jesu mit den religiösen Autoritäten seiner Zeit. Dieser Konflikt spitzt sich immer weiter zu und endet für Jesus am Kreuz. Bereits in 2,1–3,6 wird der Konflikt in mehreren Streitgesprächen aufgebaut. Er gipfelt im Todesbeschluss der Pharisäer (s. o., Kapitel 3.1) und der Anhänger des Herodes (3,6). Ein weiterer Höhepunkt dieses Konflikts ist in 11,15–18 erreicht: Jesus greift mit der Tempelreinigung die religiösen Autoritäten in Jerusalem an. Eine nochmalige Steigerung erfährt der Konflikt dadurch, dass die römischen Autoritäten einbezogen werden. Nur sie dürfen die Todesstrafe durch Kreuzigung verhängen (15,1–40). Wo endet dieser Spannungsbogen? Aus Sicht der Gegner Jesu mit seinem Tod am Kreuz. Die Jünger jedoch haben schon davon gehört, dass Gott Jesus auferwecken wird (vgl. Leidensankündigungen), die Frauen finden das Grab leer und hören die Botschaft des jungen Mannes. Für sie ist das Schicksal Jesu mit seinem Tod nicht besiegelt.

2. Spannungsbogen

Der zweite Spannungsbogen betrifft die Frage, wer Jesus ist (1,27; 4,41; 6,1ff.14ff.). Die Gegner Jesu machen in dieser Frage keine „Fortschritte“: Ihnen ist der Gedanke der Erfüllung der Schrift unbekannt (1,2f.), sie hören die Stimme aus dem Himmel bei Taufe und Verklärung nicht (1,11; 9,7) und von den Jüngerbelehrungen bleiben sie ausgeschlossen (4,11f.34; 9,31). Wie verhält es sich mit den Jüngern? In 8,27–30 fragt Jesus seine Jünger, für wen sie ihn halten. Die Jünger treten damit in den Vordergrund. Mit dem Bekenntnis des Petrus: „Du bist der Christus.“ (8,29) und der Bezeichnung Jesu als Gottessohn durch die Himmelsstimme vor dreien seiner Jünger (9,7) bietet Markus zwei gültige Antworten. Interessant ist daran zweierlei: Zum einen nehmen diese Bekenntnisse genau das auf, was den Hörern und Lesern schon ab 1,1 bekannt ist. Die Adressaten des Evangeliums haben also von vornherein einen entscheidenden „Wissensvorsprung“ gegenüber den Akteuren im Evangelium. Sie bekommen alles mit (z. B. auch das, was die Himmelsstimme bei der

Taufe zu Jesus sagt) und können so beobachten, ob bzw. wie die Menschen im Evangelium zu der christologischen Erkenntnis kommen, die sie bereits haben. Zum anderen verbindet Markus diese Bekenntnisse konsequent mit Hinweisen auf das Leiden und Sterben des Gottessohnes (vgl. Leidensankündigungen) und verweist auf die Notwendigkeit der (Leidens-) Nachfolge (8,34ff.; 9,33ff.; 10,17ff.28ff.41ff.). Das heißt: Das Bekenntnis zu Jesus als dem Christus ist erst dann vollständig, wenn Jesu Leiden und Sterben sowie die Leidensnachfolge mitgedacht werden. Jesus Christus ist der leidende Gottessohn, der in die Nachfolge ruft.

Zusammenführung der Spannungsbögen

Im Zentrum des anschließenden Hauptteils (11,1–16,8) steht der Dialog zwischen Jesus und dem Hohepriester (s. u., Kapitel 7) im Rahmen des Prozesses gegen Jesus. Der Hohepriester fragt Jesus: „Bist du der Christus, der Sohn des Hochgelobten?“ (14,61), und Jesus antwortet: „Ich bin's.“ (14,62) Der römische Hauptmann unter dem Kreuz ruft aus: „Dieser war in Wahrheit Gottes Sohn.“ (15,39). Die Wahrheit über Jesus offenbart sich jetzt vor aller Welt – auch wenn sie nicht von allen verstanden wird. Beide Spannungsbögen treffen sich in 14,28 und 16,7: Der Gekreuzigte wird sich als Auferstandener den Jüngern in Galiläa zeigen. Damit lenkt Markus den Blick zurück auf den Anfang des Evangeliums. Wer hier wieder anfängt zu lesen, kommt nun aber – im Unterschied zur ersten Lektüre – von der Passion und Auferstehung Jesu her.

Passionserzählung

Die Passion nimmt im Markusevangelium erheblichen Raum ein. Die 16 Kapitel des Evangeliums umfassen einen Zeitraum von ca. einem Jahr. 6 Kapitel davon (Kap. 11–16) befassen sich mit den Ereignissen einer Woche: der Ankunft Jesu in Jerusalem, seiner Gefangennahme, Kreuzigung und dem leeren Grab. Der Todesbeschluss wird bereits in 3,6 gefasst. Die drei Leidensankündigungen weisen ab Kapitel 8 deutlich auf die Passion voraus. Das Passionsgeschehen ist also für Markus von hoher Bedeutung. Dabei geht es ihm nicht einfach darum, die einzelnen Ereignisse möglichst genau zu protokollieren. Es handelt sich vielmehr um erzählende, narrative Theologie. Einzelne Elemente der Passionserzählung erinnern an Psalm 22. Dieser Psalm beginnt mit dem Klageruf: „Mein Gott, mein Gott, warum hast du mich verlassen?" Genau diese Worte äußert der markinische Christus am Kreuz (15,34). Der Psalmist klagt: „Ich aber bin ein Wurm und kein Mensch, ein Spott der Leute und verachtet vom Volke. Alle, die mich sehen, spotten meiner …" (Ps 22,7–8) Auch Jesus wird bei seiner Kreuzigung verspottet (Mk 15,29). In Ps 22 spotten die Leute: „Er warf's auf den Herrn, der möge ihm helfen; er rette ihn, denn er hat ja Gefallen an ihm." (Ps 22,9). Die Leute, die Jesus verspotten, sagen: „Hilf dir nun selber und steig herab vom Kreuz." (Mk 15,30 vgl. 32) Der Psalmist klagt: „Sie teilen meine Kleider unter sich und werfen das Los um mein Gewand." (Ps 22,19) Auch dieses Motiv klingt bei der Kreuzigung wieder an (Mk 15,24). Das heißt: Die markinische Passionserzählung schildert das Schicksal Jesu bei der Kreuzigung in Anlehnung an das Schicksal des Klagenden in Ps 22. Das Geschehen erhält so eine theologische Deutung. Denn der Klagende in Ps 22 ist der sogenannte „leidende Gerechte". In der jüdischen Tradition (vgl. auch Weish 2; 5) ist der leidende Gerechte ein Mann, der von den gottlosen Menschen verspottet und gequält wird, weil er Gott treu ist. Am Ende wird dieser Mann für alle sichtbar von Gott ins Recht gesetzt. Die markinische Passionserzählung stellt Jesus bei der Kreuzigung als den leidenden Gerechten dar.

Problematik des Schlusses

Das Markusevangelium endet in 16,8 sehr abrupt mit der Feststellung, dass die Frauen – entgegen der Aufforderung durch den jungen Mann im Grab (16,7) – niemandem etwas sagen. Handschriften des Markusevangeliums zeigen, dass dieser Schluss spätestens zu der Zeit, als andere Evangelien bekannt waren, als unbefriedigend empfunden wurde. Jüngere Handschriften des Markusevangeliums bieten einen später hinzugefügten (sekundären) Markusschluss, in dem in Entsprechung zum Matthäus-, Lukas- und Johannesevangelium von Erscheinungen des Auferstandenen erzählt wird. Dieser sekundäre Schluss ist in den meisten deutschen Übersetzungen abgedruckt (16,9–20). Umstritten ist in der Forschung, ob es sich bei 16,8 um den ursprünglichen Schluss des Markusevangeliums handelt, oder ob der ursprüngliche Schluss verloren gegangen ist.

Thesen aus der Forschung

Die Frage, ob 16,8 im Rahmen der Markuserzählung einen möglichen oder einen unmöglichen Schluss darstellt, ist für die

Interpretation der Schrift von erheblicher Bedeutung. Folgende Thesen versuchen zu zeigen, dass 16,8 der ursprüngliche Schluss sein kann: Der Erzähler will die Leser durch 16,7 an den Anfang des Evangeliums verweisen, sodass das Wirken Jesu in Galiläa nun als das Wirken des Gekreuzigten und Auferstandenen zu lesen ist, der seine Leser in die Nachfolge ruft. Oder: Die Reaktion der Frauen in 16,8 dient als indirekte Aufforderung an die Leser, selbst von Jesus zu erzählen. Oder: Markus verzichtet bewusst auf Erscheinungserzählungen, um zu vermeiden, dass Jesu Leiden und Sterben nur als Durchgangsstadium zur Herrlichkeit des Auferstandenen verstanden werden. Nach all diesen Interpretationen könnte 16,8 der ursprüngliche Schluss des Evangeliums sein. Andererseits sind die Erscheinungen des Auferstandenen schon für Paulus das Fundament seiner Theologie (1Kor 15,5–8). Die Nachfolger Jesu haben sich also offensichtlich sehr früh davon erzählt, dass Jesus als Auferstandener bestimmten Menschen erschienen ist. Konnte Markus diese alten Überlieferungen einfach übergehen?

Schweigegebote

Die Frauen am leeren Grab sollen erzählen, tun es aber nicht. An anderen Stellen im Markusevangelium haben wir den umgekehrten Fall: Menschen möchten von Jesus erzählen, dürfen es aber nicht. Die Forschung spricht in diesem Zusammenhang von den Schweigegeboten des Markusevangeliums. Viele Schweigegebote finden sich am Schluss von Wundererzählungen. So heißt es z. B., nachdem Jesus die Tochter des Jairus auferweckt hat: „Doch er schärfte ihnen ein, niemand dürfe etwas davon erfahren.“ (5,43) Man fragt sich: Wie soll das gehen? Sollen die Eltern ihre Tochter einsperren, damit niemand erfährt, dass sie wieder lebendig ist? Auf der Handlungsebene sind diese Schweigegebote unsinnig. Bereits zu Beginn des 20. Jahrhunderts hat der Exeget William Wrede (1859–1906) daher die These aufgestellt, dass wir es hier nicht mit einer protokollarischen Notiz zu tun haben, sondern mit einer theologischen Aussage. Mit anderen Worten: Wir dürfen nicht annehmen, dass der historische Jesus tatsächlich diese Schweigegebote erteilt hat, sondern Markus möchte seinen Lesern durch die Schweigegebote etwas mitteilen. Aber was? Hilfreich ist in diesem Zusammenhang die Beobachtung, dass Jesus auch seinen Jüngern gegenüber Schweigegebote ausspricht, die die Frage betreffen, wer er sei. So reagiert Jesus auf das (richtige! vgl. 1,1) Christus-Bekenntnis des Petrus mit dem Gebot, „dass sie es niemandem sagen sollten" (8,30). Und als Jesus mit seinen drei Jüngern nach der Verklärung vom Berg hinabsteigt, fordert er sie dazu auf, „dass sie niemandem sagen sollten, was sie gesehen hatten, bis der Menschensohn von den Toten auferstanden sei." (9,9). Dieses befristete Schweigegebot wird von vielen Exegeten als Schlüssel zum theologischen Verständnis der Schweigegebote überhaupt angesehen: Die Schweigegebote machen den Lesern deutlich, dass von Jesus angemessen nur unter Einbeziehung von Tod und Auferstehung gesprochen werden kann. Jesus ist nicht „nur" ein machtvoller Wundertäter, er ist nicht „nur" eine glanzvolle Gestalt, sondern er ist immer auch der Leidende, der am Kreuz stirbt und von Gott auferweckt wird.

Jüngerunverständnis

Diese christologische Aussage des Markus wird durch ein weiteres Motiv unterstützt: das Jüngerunverständnis. Zunächst betrifft das Unverständnis der Jünger die Lehre (4,13; 7,18) und die Person Jesu (4,40f.; 6,52). Mit dem Christusbekenntnis gibt Petrus dann zu erkennen, dass er verstanden hat, wer Jesus ist (8,29). Als Jesus daraufhin zum ersten Mal sein Leiden, Sterben und Auferstehen ankündigt, macht Petrus ihm Vorwürfe (8,32). Er will nicht einsehen, dass Jesus der *leidende* Christus ist. Jesus reagiert auf diese Vorwürfe mit äußerster Schärfe: „Geh weg von mir, Satan!" (8,33) Wiederum haben wir es mit einer theologischen Konzeption des Markus zu tun. Wir können aus dieser Stelle nicht schließen, dass der historische Jesus ein aufbrausender Mensch war, sondern dass Markus den Lesern anhand der Jünger verdeutlichen will, wie Jesus *nicht* verstanden werden darf. Wer Jesus Christus gerecht werden will, darf – so Markus – das Leiden nicht ausklammern.

Messiasgeheimnis

Wrede hat die Motive der Schweigegebote, des Jüngerunverständnisses und der Parabeltheorie (s. o.) als eine einheitliche theologische Konzeption gesehen, die er als „Messiasgeheimnis" bezeichnete. Heute ist unter den Exegeten umstritten, inwiefern die drei Motivkomplexe tatsächlich eine Einheit bilden und inwieweit wir in Markus überhaupt einen „Theologen“ sehen dürfen – vielleicht war er auch eher ein „Sammler“ traditioneller Erzählungen und Quellen oder ein „Erzähler“. Einig ist man sich jedoch darin, dass wir es bei den drei Motiven mit nachösterlichen Erzählzügen zu tun haben, die im Dienst einer theologischen Aussage stehen: „Obwohl Jesus auch schon vor Kreuz und Auferstehung der Gottessohn ist, kann er doch als solcher vor diesen Ereignissen noch nicht angemessen erfasst werden.“ (Weber, 125; bei Schnelle 2002, 258f.)

Entstehungszeit

Wann, wo, für wen und von wem ist das Markusevangelium verfasst? Bei diesen einleitungswissenschaftlichen Fragen sind wir v. a. auf indirekte Rückschlüsse aus dem Evangelium angewiesen. Als Abfassungszeit nimmt die Exegese die Jahre 69/70 n. Chr. an. Zu dieser Zeit kämpften die Juden gegen die römische Besatzungsmacht. Im Jahr 70 zerstörten die Römer Jerusalem und den Tempel. Wie kommt die Exegese darauf, das Evangelium in direkte zeitliche Nähe zu diesen Ereignissen zu datieren? Entscheidend ist hier das 13. Kapitel, in dem Jesus seine Jünger vor der Zerstörung „großer Bauten“ (13,2) und vor Krieg (13,7) warnt. Dieses Kapitel spielt – wie das gesamte Evangelium – etwa im Jahr 30 n. Chr. Die Forschung ist sich aber einig, dass an dieser Stelle die aktuelle Situation, in der das Evangelium niedergeschrieben wird, durchscheint. So heißt es in 13,14: „Wer das liest, der merke auf!“ Diese Bemerkung durchbricht die dargestellte Situation, in der Jesus ja zu seinen Jüngern *spricht*. Der Evangelist wendet sich hier direkt an seine Leser. In dem, was Jesus ankündigt, scheint – so wird argumentiert – ebenfalls die Abfassungssituation, also der Jüdisch-Römische Krieg, durch. Umstritten ist, ob das Markusevangelium kurz vor oder kurz nach der Zerstörung des Tempels verfasst wurde. Die Frage entscheidet sich an 13,2: Setzt dieser Vers die tatsächliche Zerstörung des Tempels voraus oder nicht?

Entstehungsort

Als Entstehungsort des Markusevangeliums werden Syrien (Theißen 2002) und Rom (Hengel 1983) diskutiert.

Adressaten

Das Markusevangelium wendet sich vorwiegend an heidenchristliche Leser. In diese Richtung weisen folgende Beobachtungen: Jüdische Bräuche werden erklärt (7,3f.; 14,12; 15,42), hebräische bzw. aramäische Ausdrücke werden übersetzt (z. B. 3,17; 5,41; 7,11.34; 14,36; 15,22.34). Die jüdische Beschneidung wird nicht thematisiert, das jüdische Gesetz spielt nicht in Fragen des Kultes, sondern in Fragen der Moral (z. B. bezüglich der Ehescheidung 10,1–12 und bezüglich der Frage nach dem wichtigsten Gebot 12,28–34) eine Rolle. Das Wirken und die Verkündigung Jesu schließen die Heiden ausdrücklich mit ein (vgl. 5,1–20; Kap. 7). Unter dem Kreuz bekennt ein Heide als erster Mensch auf textinterner Ebene die Gottessohnschaft Jesu (15,39).

Verfasser

Das Evangelium wird erst durch eine im 2. Jahrhundert n. Chr. vorangestellte Überschrift „Markus" zugeschrieben. Der Bischof Papias von Hierapolis (gest. nach 120/130) schreibt: „Auch dies hat der Presbyter gesagt: ‚Markus, zum Dolmetscher des Petrus geworden, schrieb alles, woran er sich erinnerte, sorgfältig auf, freilich nicht der Reihe nach, sowohl Worte als auch Taten des Herrn.' Denn er hatte den Herrn weder gesehen, noch war er ihm (als Jünger) nachgefolgt, sondern erst später, wie ich bereits sagte, dem Petrus." Diese Notiz bringt Markus in eine enge Verbindung zu Petrus (vgl. 1Petr 5,13). Allerdings lässt sich im Markusevangelium keine petrinische Tradition feststellen, und Petrus spielt im Markusevangelium keine über die Vorgaben der Tradition hinausgehende Rolle. Wenn es die Papiasnotiz nicht gäbe, würde niemand hinter der Theologie des Markusevangeliums die Person des Petrus vermuten. Insofern ist die Papiasnotiz wohl keine zuverlässige historische Tradition. Was können wir dann über den Verfasser sagen? Nicht mehr, als dass es sich um einen uns unbekannten Christen mit Namen Markus handelt, wahrscheinlich einen griechisch-sprechenden Heidenchristen.

4.2 Das Matthäusevangelium

Aufriss

Das Matthäusevangelium ist unter den vier Evangelien des Neuen Testaments wohl das bekannteste. Insbesondere die Bergpredigt (5–7) mit ihren Seligpreisungen (5,3–12) und Antithesen (5,21–48) ist auch Menschen, die nicht Theologie studiert haben, ein Begriff. Daneben enthält das Matthäusevangelium jedoch auch Texte, die uns in der Kirche und in öffentlichen Debatten kaum begegnen, z. B. die zahlreichen Texte, in denen vom endzeitlichen Gericht gesprochen wird (z. B. 7,24–27; 13,36–43; 22,1–14; 25,31–46), vom „Heulen und Zähneklappern" derjenigen, die in diesem Gericht verurteilt werden (z. B. 13,42; 22,13).

Der Evangelist des Matthäusevangeliums übernimmt den erzählerischen Aufriss des Markusevangeliums, das ihm bekannt war (s. o., Kapitel 2.7; 4.1). Das Wirken Jesu in Galiläa umfasst die Kapitel 1–18, die Kapitel 19 und 20 behandeln den Weg nach Jerusalem, und die Kapitel 21–28 spielen in Jerusalem. Wesentliche Erweiterungen erfährt das Evangelium u. a. dadurch, dass Matthäus das Material aus der Logienquelle (s. o., Kapitel 2.7) und sogenanntes Sondergut, also Traditionsgut, das uns nur in diesem Evangelium begegnet, einarbeitet. Im Vergleich zum Markusevangelium fallen insbesondere die großen Reden auf, die Matthäus aus seinen Traditionen gestaltet: die Bergpredigt (5–7), die Aussendungsrede (10), die Gleichnisrede (13), die Jünger- oder Gemeinderede (18) und die Endzeitrede (23–25). Außerdem setzt Matthäus nicht erst mit der Taufe Jesu ein, sondern beginnt mit Stammbaum und Geburt Jesu (1–2). Auch am Schluss erweitert Matthäus seine markinische Vorlage. Die Reaktion der Frauen am leeren Grab erfährt gegenüber der Fassung Mk 16,8 eine entscheidende Wende, wenn es heißt: „Und sie verließen das Grab mit Furcht *und großer Freude und liefen, um es seinen Jüngern zu verkünden.*" (Mt 28,8). Anschließend berichtet Matthäus, dass der Auferstandene den Frauen begegnet (28,9–10). Das Evangelium schließt mit dem sogenannten Missionsauftrag, auf den Christen sich bis heute bei der Taufe berufen (28,16–20):

„Aber die elf Jünger gingen nach Galiläa auf den Berg, wohin Jesus sie beschieden hatte. Und als sie ihn sahen, fielen sie vor ihm nieder; einige aber zweifelten. Und Jesus trat herzu und sprach zu ihnen: Mir ist gegeben alle Gewalt im Himmel und auf Erden. Darum gehet hin und machet zu Jüngern alle Völker: Taufet sie auf den Namen des Vaters und des Sohnes und des heiligen Geistes und lehret sie halten alles, was ich euch befohlen habe. Und siehe, ich bin bei euch alle Tage bis an der Welt Ende."

Missionsauftrag als Schlüssel zum Evangelium

In diesen fünf Schlussversen bündelt der Evangelist zentrale Erzählfäden und theologische Motive seines Evangeliums. Diese

Verse liefern den Schlüssel zum Verständnis des gesamten Evangeliums.

Motiv des Berges

Die Jünger gehen „nach Galiläa auf den Berg" (28,16). Der Berg begegnet an herausgehobener Stelle im Zusammenhang mit der Bergpredigt (5,1). Am Schluss des Evangeliums lenkt Matthäus also den Blick zurück auf die Lehre Jesu. Wenn es dann in 28,20 heißt „und lehret sie halten alles, was ich euch befohlen habe", dann ist klar, dass damit die Lehre gemeint ist, die Jesus in den großen Reden, insbesondere in der Bergpredigt, verkündet hat. Umstritten ist, ob mit dem „Berg" im Matthäusevangelium auf Mose angespielt werden soll, dem Gott sich auf dem Berg Sinai (Ex 19; 34) offenbart, ihm die zehn Gebote verkündet und einen Bund schließt. Dafür könnte sprechen, dass Jesus im Matthäusevangelium fünf Reden hält – in Anlehnung an die fünf Bücher Mose – und dass die Erzählung von der Gefährdung Jesu kurz nach seiner Geburt an die Gefährdung des Mose kurz nach dessen Geburt erinnert: Mose wird nach alttestamentlicher Tradition als Baby in einem Schilfkorb ausgesetzt und von der Tochter des Pharao aus dem Nil gerettet (Ex 2,1–10). Im Matthäusevangelium trachtet der König Herodes dem kleinen Jesus nach dem Leben, Maria und Joseph fliehen daher nach Ägypten. Jesus entkommt so dem Kindermord des Herodes in Bethlehem (Mt 2,13–18). Wenn wir annehmen, dass der Evangelist diese Anklänge bewusst gestaltet, dann erscheint uns der matthäische Jesus als ein Lehrer, der die Verkündigung des Mose noch überbietet.

Reflexions-/ Erfüllungszitate

Dieser Gedanke ist für die Auslegung des Matthäusevangeliums in doppelter Hinsicht interessant: Zum einen greift Jesus in den Antithesen der Bergpredigt einzelne, durch Mose verkündete Gebote auf und legt sie vollmächtig aus („ich aber sage euch", s. u.). Zum anderen ist das Matthäusevangelium durchzogen von sogenannten Reflexions- oder Erfüllungszitaten. Diese Zitate aus dem Alten Testament deuten die Vorgänge im Leben Jesu als Erfüllung von alttestamentlichen Verheißungen. Die typische Formulierung eines Erfüllungszitates lautet: „Das geschah, damit erfüllt werde, was vom Herrn durch den

Propheten ... gesagt wurde" (vgl. 1,22f.; 2,6.15.18.23; 4,14–16; 8,17; 12,17–21; 13,35; 21,4f.; 27,9f.).

„Kleingläubigkeit"

In der Schlusspassage des Matthäusevangeliums heißt es, dass einige Jünger zweifelten (28,17). Dieses Motiv des Zweifels durchzieht ebenfalls das Evangelium. Matthäus spricht öfter von den „Kleingläubigen" (6,30; 8,26; 14,31; 16,8; 17,20). Besonders deutlich zeigt sich dieses Motiv in der matthäischen Version vom Seewandel Jesu (vgl. Mk 6,45–52; s. o., Kapitel 2.9).

Universale Herrschaft

Der Auferstandene sagt von sich: „Mir ist gegeben alle Gewalt im Himmel und auf Erden." (28,18). Er ist damit der universale Herrscher. Diese Vollmacht entspricht in gewisser Hinsicht der Vollmacht, die Jesus bereits als Irdischer hat (Mt 11,27). Jeweils ist es Gott, der Jesus die Vollmacht überträgt. In 28,18–20 wird der Geltungsbereich dieser Vollmacht entschränkt: Sie gilt nun „allen Völkern", „für alle Tage bis zum Ende der Welt".

Adressaten des Missionsauftrages

Während der Missionsauftrag in Mt 28,19 allen Völkern gilt, heißt es in Mt 10,5f.: „Geht nicht zu den Völkern/Heiden (hier steht im griechischen Text dasselbe Wort wie in 28,19) und betretet keine Stadt der Samariter [s. o., Kapitel 2.11], sondern geht zu den verlorenen Schafen des Hauses Israel." Wie verhält sich im Matthäusevangelium der Missionsauftrag nur an die „verlorenen Schafe Israels" in Kap. 10 zum Missionsauftrag an „alle Völker" in Kap. 28? Diese Frage ist in der Forschung heftig umstritten. Geht es um eine *Erweiterung* des Missionsauftrages nach alttestamentlich-prophetischem Vorbild, sodass Israel nach wie vor im Zentrum steht (vgl. Jes 49,1–6; s. o., Kapitel 3.1)? Geht es um eine *Ablösung* Israels durch die Christen aus den Heiden, gilt also die Mission an Israel als gescheitert (Luz)? Oder rücken die heidnischen Völker ins Zentrum, ohne aber Israel ganz auszuschließen? Die Entscheidung an diesem Punkt hat Auswirkungen auf die Auslegung anderer matthäischer Texte. Wer ist z. B. mit den Erst- und den Zweit-Eingeladenen in der Parabel vom Hochzeitsmahl gemeint (Mt 22,1–14; s. o., Kapitel 2.)? Stehen die Erst-Eingeladenen, die nicht kommen wollen, für die Juden, die Zweit-Eingeladenen für die Heiden? Dann hätten die Juden wohl in der Tat nach der Auffassung des Matthäus ihre Chance „vertan". Oder stehen die Erst-Eingeladenen für die Hohepriester (s. u., Kapitel 7) und Pharisäer (s. o., Kapitel 3.1), also für eine bestimmte Gruppe innerhalb des Judentums? Dann könnten bei den Zweit-Eingeladenen die Juden (mit-)gemeint sein.

Bedeutung für den jüdisch-christlichen Dialog

Es dürfte klar sein, dass die Frage nach dem Stellenwert Israels in der christlichen Mission für den jüdisch-christlichen Dialog von erheblicher Bedeutung ist. Wir müssen dabei prinzipiell damit rechnen, dass Matthäus eine Position vertreten könnte, die uns persönlich nicht „gefällt" und mit der wir uns kritisch auseinandersetzen sollten. Der Blick auf die Völker ist im Matthäusevangelium trotz der anfänglichen Konzentration auf Israel von Anfang an präsent: Der matthäische Christus ist Nachfahre Abrahams (1,1f.), dem Gott aus Steinen Kinder erwecken kann (3,9). Die im Stammbaum Mt 1,3–6 genannten Frauen (Tamar: vgl. Ruth 4,12; Gen 38; Ruth: vgl. das gleichnamige atl. Buch; Rahab: vgl. Jos 2,1; 6,17.23.25; und die Frau des Uria: vgl. 2. Sam 11; 12) sind alle Nicht-Jüdinnen. In Mt 2,1ff. beten die heidnischen Magier Jesus an, während der jüdische König Herodes das Kind zu töten versucht. Die universale Perspektive klingt also bereits hier an.

Immanuel-Motiv

Das Matthäusevangelium endet mit der Zusage: „Und siehe, ich bin bei euch alle Tage bis zum Ende der Welt." Dieses Versprechen erinnert die Leser an 1,23, wo der Evangelist Jesus den Namen „Immanuel" gibt (vgl. Jes 7,14). Matthäus übersetzt den Namen mit „Gott mit uns." In Jesus Christus zeigt sich also die Gegenwart und Treue Gottes bei seinem Volk. Gott selbst handelt in Jesus Christus, er begleitet die Seinen auf ihrem Weg. In der sogenannten Gemeinderede (Mt 18) wird dieses Motiv auf die Jünger und damit auf die (matthäische) Gemeinde bezogen: „Denn wo zwei oder drei in meinem Namen versammelt sind, da bin ich mitten unter ihnen." (18,20)

Wonach wird gerichtet?

Der matthäische Jesus ist nicht nur der „Gott mit uns", er ist auch der Menschensohn, der am Ende „über alle Völker" richten wird (25,31–46). Dieses Gericht hat einen doppelten Ausgang: „Und sie werden weggehen: diese zur ewigen Strafe, die Gerechten aber in das ewige Leben." (25,46). Kriterium im Gericht ist das Verhalten der Menschen gegenüber „einem der geringsten

Brüder" Jesu (25,40). Dieser Gedanke ist faszinierend: Geht es im Gericht allein um die Taten der Menschen? Ist es also für Matthäus egal, ob jemand an Jesus als den Christus glaubt oder nicht? Wahrscheinlich verhält es sich nicht so, denn mit den „geringsten Brüdern" sind wohl christliche Missionare gemeint, die arm und mittellos unterwegs und auf Gastfreundschaft und Liebe angewiesen sind (vgl. 23,8; 28,10; 10,9–14.40–42). Entscheidend ist also, wie jemand die christlichen Missionare (und ihre Botschaft) aufnimmt.

Allerdings bleibt das Gericht unberechenbar. Die Gerichteten fragen in 25,31–46 erstaunt nach, wie es zu dem jeweiligen Urteil kommt. Werden hier auch die Christen gerichtet? Grundsätzlich ist Matthäus der Meinung, dass auch Christen nach ihren Taten gerichtet werden: Geladene, die zwar die Einladung annehmen, dann aber ohne Hochzeitskleid (d. h. ohne gute Taten) dastehen, werden hinausgeworfen (vgl. Mt 22,11–13; s. o., Kapitel 2.9). An anderer Stelle unterscheidet Matthäus nicht zwischen dem Gericht über die Gemeindeglieder und dem Gericht über die Welt (vgl. 13,40–43.49f.).

Gnade und Gericht

Gibt es also bei Matthäus – anders als bei Paulus – eine zweite Bedingung für Gottes Heil? Tritt neben die gnädige Zuwendung Gottes zum Menschen die unabdingbare Erwartung, den Willen Gottes zu erfüllen? Und nimmt Gott seine Liebe „zurück", wenn Menschen diesen Willen nicht erfüllen? Das sogenannte „Gleichnis vom Schalksknecht" (18,23–35) kann so verstanden werden: Ein König erlässt hier unerwartet und grundlos einem Schuldner seine unvorstellbar große Schuld. Als dieser jedoch einem anderen Schuldner eine geringe Schuld nicht erlässt, übergibt der König ihn den Folterknechten, bis er die ganze Schuld bezahlt hätte (18,34). Abschließend heißt es: „Ebenso wird mein himmlischer Vater jeden von euch behandeln, der seinem Bruder nicht von ganzem Herzen vergibt." (18,35) Wir stoßen hier auf eine schwierige und umstrittene Frage bezüglich der matthäischen Theologie. Wie verhält sich Gottes Güte zu seinem Gericht an allen Menschen? Können die Taten der Christen Gottes Liebe rückgängig machen? Denkbar wäre, dass die Rede vom Gericht für Matthäus (rein?) „pädagogisch" motiviert ist, dass der Evangelist also die Gemeindemitglieder durch Androhung von Strafe und Aussicht auf Lohn auf dem „rechten Weg" halten will. Das Immanuel-Motiv ist außerdem dem Gerichtsmotiv deutlich vorgeordnet, die Güte Gottes kommt also den Taten der Menschen zuvor. Aber für Matthäus gehört wohl beides – Gnade und Gericht – untrennbar zusammen.

radikale Forderungen der Bergpredigt

Diese Spannung von Zuspruch und Anspruch charakterisiert auch die Bergpredigt. Insbesondere die Antithesen halten die Kirche seit Langem in Atem. Wie sollen Christen mit den radikalen Forderungen der Bergpredigt umgehen, z. B. mit der Forderung, „wenn dich einer auf die rechte Wange schlägt, dann biete ihm auch die andere dar" (5,39)? Kann man so wirklich leben? Das Christentum hat unterschiedliche Meinungen dazu entwickelt, wie mit den radikalen Forderungen der Bergpredigt umzugehen sei.

Deutungen zur Bergpredigt aus der Kirchengeschichte

Bereits in der Didache, einer christlichen Schrift aus dem frühen 2. Jahrhundert n. Chr., die das Matthäusevangelium voraussetzt, wird dieses Problem thematisiert. Am Ende der „Lehre von den zwei Wegen" (der Weg des Lebens und der Weg des Todes), die u. a. die oben zitierte Forderung aus der Bergpredigt enthält (Mt 5,39; Did 1,3), heißt es: „Wenn du das ganze Joch des Herrn tragen kannst, wirst du vollkommen sein. Kannst du das aber nicht, dann halte, was du kannst." (Did 6,2) Hier wird unterschieden zwischen „vollkommenen" und „gewöhnlichen" Christen. Diese Unterscheidung bestimmt die Bergpredigt-Rezeption des Mittelalters: Die „Vollkommenen" halten alle Forderungen der Bergpredigt, die einfachen Gemeindeglieder halten die Zehn Gebote und die „Goldene Regel", wie sie in Mt 7,12 formuliert ist: „Alles, was ihr also von anderen erwartet, das tut auch ihnen! Darin besteht das Gesetz und die Propheten." Man spricht hier von einer „Zwei-Stufen-Ethik". Diese Auslegung beruft sich darauf, dass in der Einleitung zur Bergpredigt zwischen den Jüngern, die zu Jesus treten, und dem Volk, das offenbar am Fuße des Berges zurückbleibt, unterschieden wird (5,1). Albert Schweitzer hingegen deutete die Bergpredigt als „Interimsethik". Damit ist eine Ethik gemeint, die nur für eine kurze „Zwischenzeit" gilt, genauer für die kurze Zeit zwischen Jesu Tod und

Auferstehung einerseits und dem für die allernächste Zukunft erwarteten Kommen des Reiches Gottes andererseits. Diese Naherwartung – so Schweitzer – habe sich nicht erfüllt. Insofern sei es verfehlt, die Forderungen der Bergpredigt auf unser heutiges Alltagsleben zu übertragen. Im Luthertum wurde und wird die Bergpredigt als „Sündenspiegel“ verstanden. Sie hält den Menschen – wie ein Spiegel – die eigenen Sünden vor Augen. Gerade dadurch, dass ihre Forderungen unerfüllbar sind, macht sie den Menschen klar, dass sie auf die Erlösung durch Jesus Christus angewiesen sind.

Aufbau der Bergpredigt

Im Laufe der Kirchengeschichte sind also unterschiedliche Deutungen zur Bergpredigt entwickelt worden. Die Exegese fragt danach, wie Matthäus selbst die Forderungen der Bergpredigt verstanden wissen wollte. Dazu berücksichtigt sie den Kontext dieser Forderungen. Die Antithesen stellen nur einen Teil der Bergpredigt dar. Ihnen gehen die neun Seligpreisungen (5,3–12) sowie das Salz- und Lichtwort (5,13–16) voraus. Die sechs Antithesen werden programmatisch eingeleitet: „Denkt nicht, ich sei gekommen, um das Gesetz und die Propheten aufzuheben. Ich bin nicht gekommen, um aufzuheben, sondern um zu erfüllen. … Denn ich sage euch: Wenn eure Gerechtigkeit nicht besser ist als diejenige der Schriftgelehrten und Pharisäer, werdet ihr nicht in das Himmelreich kommen.“ (5,17.20) Diese „bessere Gerechtigkeit“ wird im Folgenden dargelegt. Ihr tragender Grund ist das uneingeschränkte Liebesgebot, das nicht nur am Nächsten, sondern auch am Feind bewährt werden soll (5,43–46). Auf die sechs Antithesen (5,21–48) folgen Anweisungen zur richtigen Frömmigkeit (6,1–18). Eingebettet ist hier das Vaterunser (6,7–13). In 6,19–34 geht es um das Trachten nach dem Reich Gottes: „Seht die Vögel des Himmels an: Sie säen nicht, sie ernten nicht und sammeln keine Vorräte in Scheunen; und doch ernährt sie euer himmlischer Vater. Seid ihr denn nicht viel mehr wert als sie?“ (6,26) Anschließend warnt Jesus: „Richtet nicht, damit ihr nicht gerichtet werdet!“ (7,1). So wie ein Vater seinen Kindern gibt Gott den Seinen Gutes: „Bittet, dann wird euch gegeben; sucht, dann werdet ihr finden; klopft an, dann wird euch geöffnet.“ (7,7). Ab 7,13 lenkt Matthäus den Blick auf das Endgericht.

Er unterscheidet das enge und das weite Tor, den schmalen und den breiten Weg, der in die Verdammnis führt (7,13f.). In 7,15–23 kündigt Jesus das endzeitliche Gericht über die „falschen Propheten" an. Das Schlussgleichnis vom Haus auf dem Felsen und dem Haus auf dem Sand (7,24–27) enthält wiederum die Gerichtsperspektive.

Zentrum der Bergpredigt

Auf welchem dieser Elemente liegt der Schwerpunkt? Einige Forscher sehen in 5,17 Thema und Zentrum der Bergpredigt. Damit rückt die Frage nach Jesu Stellung zum Gesetz in den Vordergrund. Andere sehen dieses Zentrum im Vaterunser (Luz). Damit ist gesagt, dass die ganze Bergpredigt die Verkündigung des Willens Gottes für diejenigen ist, die Kinder sind und zu ihrem Vater beten dürfen, der „weiß, was ihr braucht, noch ehe ihr ihn bittet" (6,8). Das Immanuel-Motiv, das das gesamte Evangelium rahmt und trägt, ist dann auch als Fundament der Forderungen in der Bergpredigt immer mitzudenken.

Entstehungszeit

Wann, wo, von wem und für wen ist das Matthäusevangelium verfasst? Wenn wir annehmen, dass Matthäus das Markusevangelium benutzt (s. o., Kapitel 2.7), muss sein Evangelium nach 70 n. Chr. entstanden sein. Als Entstehungszeit nehmen die meisten Forscher den Zeitraum um 90 n. Chr. an. Als Entstehungsort gilt Syrien, denn hier war das Evangelium zu Beginn des 2. Jahrhunderts n. Chr. bekannt. In 4,24 heißt es bei Matthäus – anders als bei Markus: „Und sein [Jesu] Ruf verbreitete sich in ganz Syrien."

Verfasser

Als Verfasser nennt die Anfang des 2. Jahrhunderts n. Chr. hinzugefügte Evangelienüberschrift Matthäus. Ein Jünger mit Namen Matthäus ist uns aus den Evangelien und der Apostelgeschichte bekannt (vgl. Mt 10,3; Mk 3,18; Lk 6,15; Apg 1,13). Historisch gesehen handelt es sich bei dem Verfasser des Matthäusevangeliums aber kaum um diesen Jünger, denn es ist sehr unwahrscheinlich, dass ein Augenzeuge des Wirkens Jesu das Evangelium eines Nicht-Augenzeugen (Markus) als Vorlage benutzte. Außerdem spiegelt sich in der Namensänderung Mt 9,9 gegenüber Mk 2,14 (aus dem Zöllner Levi wird der Zöllner Matthäus) ein nachträglicher Prozess. Die Änderung wurde vorgenommen, weil der Herrenjünger in der Gemeinde des Matthäusevangeliums eine wichtige Rolle spielte. Der Evangelist bindet seine Gemeinde also an ein Mitglied des Zwölferkreises (Matthäus) und damit an den irdischen Jesus selbst, samt seiner Lehre.

Ist dieser Verfasser als Juden- oder als Heidenchrist anzusehen? Diese Frage ist in der Forschung heftig umstritten. Denn für beide Möglichkeiten finden sich Hinweise im Evangelium (nach Schnelle, Einleitung, 264f.).

juden-christlicher Standort

Für einen judenchristlichen Standort des Matthäus sprechen folgende Beobachtungen:

- Das grundsätzliche Ja zum Gesetz (vgl. 5,17–20; 23,3a.23b).
- Der permanente Rückgriff auf das Alte Testament und die Anwendung des Erfüllungsgedankens (Erfüllungszitate s. o.).
- Die grundsätzliche Begrenzung der Mission auf Israel (10,5f.; 15,24).
- Die matthäische Gemeinde hält noch den Sabbat (vgl. 24,20).
- Die matthäische Gemeinde lebt weiterhin im Verband des Judentums (vgl. 17,24–27; 23,1–3).
- Die Anlehnung an die „Mose-Tradition“ (s. o.).

heiden-christlicher Standort

Für einen heidenchristlichen Standort des Evangeliums sprechen folgende Beobachtungen:

- Der Heilsuniversalismus des Evangeliums (s. o.).
- Die Außerkraftsetzung der Ritualvorschriften, konkret der Vorschriften zu rein und unrein (Mt 15,11.20b; 23,25f.).
- Die matthäische Kritik am Gesetz: Speziell in den Antithesen stellt Jesus sich über die Autorität des Mose. Dafür gibt es im antiken Judentum keine Parallele.
- Die matthäische Gemeinde lebte in einem Abstand zur Synagoge. Matthäus spricht von „euren Synagogen“ (23,34b; ähnlich 7,29), nicht: von „unseren“.
- Die rituellen Vorschriften für den Sabbat haben ihre Bedeutung verloren (vgl. 12,1–8).
- In 27,25 legt Matthäus angesichts der Kreuzigung Jesu dem jüdischen Volk Worte in den Mund, mit denen es die Verantwortung für den Tod Jesu auf sich und seine Nachkommen übernimmt: „Sein [Jesu] Blut komme über uns und unsere Kinder!“. Diese grässliche Szene ist von Matthäus

bewusst gestaltet – Markus kennt sie nicht. In ihr schlägt sich die Erfahrung des Matthäus nieder, dass (fast ganz) Israel Jesus ablehnt.

Gemeinde-situation

Wie auch immer man diese einzelnen Hinweise gewichtet, deutlich ist: Die matthäische Gemeinde ist wesentlich durch die Auseinandersetzung mit Israel bestimmt. Der wiederholte Aufruf zum Tun des Willens Gottes signalisiert ein weiteres Problem in der matthäischen Gemeinde: Die matthäischen Christen scheinen im Glauben „nachzulassen", sie sind „kleingläubig" und tun zu selten den Willen Gottes. Matthäus bietet einiges auf (u. a. seine Rede vom Gericht), um die von ihm Angesprochenen zu einem tatkräftigen, unerschütterlichen Glauben zu führen. In 7,15; 24,11 warnt der Evangelist seine Gemeinde vor „falschen Propheten". Matthäus bringt diese Gruppe mit der „Missachtung von Gottes Gesetz" in Verbindung (24,12). Das deutet darauf hin, dass diese Gruppe den ethischen Anspruch, den Matthäus vertritt, nicht anerkennt. Die matthäische Gemeinde kennt keine institutionalisierten Ämter, deutlich ist aber, dass die Erzählungen von Petrus in der Gemeinde eine besondere Rolle spielen. In Mt 16,18 sagt Jesus: „Du bist Petrus, und auf diesen Felsen werde ich meine Gemeinde/Kirche bauen." Die Deutung dieses „Felsenwortes" ist unter den Christen umstritten. Die katholische Kirche begründet mit diesem Vers eine bleibende (kirchen-)rechtliche Vorrangstellung des Papstes als „Nachfolger" des Petrus. Aus exegetischer Sicht ist interessant, dass die Funktionen des Bindens und Lösens, die in 16,19 allein Petrus zukommen, in 18,18 allen Jüngern, d. h. der gesamten Gemeinde, zugesprochen werden. Petrus wird so zum „Exemplum", zum Beispiel für alle Jünger: Was Petrus an Erkenntnis, Vollmacht, Glaubensstärke, aber auch Glaubenszweifel (vgl. 14,28–31; dreifache Verleugnung bei der Passion) zuteil wurde, darf die Gemeinde auf sich selbst beziehen.

4.3 Das Lukasevangelium

Aufriss

Lukasevangelium und Apostelgeschichte bilden eine literarische Einheit. Sie stammen vom selben Verfasser und vertreten eine einheitliche Theologie (s. u., Kapitel 5.). Das Lukasevangelium beginnt mit einem Prolog, in dem der Evangelist seine Leser darüber informiert, warum er sein Evangelium (und seine Apostelgeschichte) schreibt (s. o., Kapitel 2.9). In den Kapiteln 1 und 2 finden sich die Geburtsgeschichten von Johannes dem Täufer und Jesus. Diese Geschichten laufen parallel, wobei die Umstände von Jesu Geburt diejenigen der Geburt von Johannes dem Täufer überbieten. Das 3. Kapitel setzt neu ein und bietet u. a. einen Stammbaum Jesu (3,23–38). 3,1–4,13 beschreiben die Vorbereitung der Wirksamkeit Jesu: Johannes der Täufer tritt auf, Jesu Taufe und Versuchung werden erzählt. Von 4,14 an wird eine Dreiteilung erkennbar: Der erste Hauptteil reicht von 4,14–9,50. Er berichtet von Jesu Wirken in Galiläa und läuft weitgehend parallel zu Mk 1–9. Der zweite Hauptteil, der sogenannte „Reisebericht" (9,51–19,27), stellt einen großen Einschnitt gegenüber Mk dar. In 9,51–18,14 verwendet Lukas ausschließlich Sondergut (s. o., Kapitel 2.7) und Material aus der Logienquelle (s. o., Kapitel 2.7). Erst ab 18,15 nimmt Lukas den markinischen Erzählfaden wieder auf. Die Reise endet in Jerusalem, wo der dritte Hauptteil (19,29–24,53) spielt.

Reich und Arm

Lukas wird oft als der „Evangelist der Armen" bezeichnet. Genauer müsste man wohl formulieren: Das Lukasevangelium ist das Evangelium an die Reichen für die Armen. Folgende Texte sind hier wichtig: Im sogenannten „Magnifikat", dem Lobgesang der schwangeren Maria, wird die Umkehr der Macht- und Besitzverhältnisse angekündigt: „Er [Gott] stürzt die Mächtigen vom Thron und erhöht die Niedrigen. Die Hungernden beschenkt er mit seinen Gaben und lässt die Reichen leer ausgehen." (1,52f.). Zu Beginn der Feldrede (6,20–49; vgl. die „Bergpredigt" bei Matthäus, Kap. 5–7) spricht Jesus die Armen und die Hungernden satt, anders als bei Matthäus finden sich im Anschluss an die Seligpreisungen vier Wehe-Rufe über die Reichen, Satten, Lachenden und in öffentlichem Ansehen Stehenden. Das

Gleichnis vom armen Mann und reichen Lazarus (Lk 16,19–31) unterstreicht die Umkehr der Machtverhältnisse zwischen Arm und Reich im Jenseits.

vom Verlorenen

Der wohl bekannteste Text des Lukasevangeliums ist die Parabel vom verlorenen Sohn (15,11–32). Sie steht am Schluss einer sogenannten „Gleichnistrilogie", die die Gleichnisse vom verlorenen Schaf (15,3–7; par Mt 18,12–14), vom verlorenen Groschen (15,8–9) und vom verlorenen Sohn umfasst. Gott zeichnet sich für Lukas dadurch aus, dass er den Verlorenen nachgeht und sich über ihre Rückkehr freut. Jesus ist in besonderem Maße derjenige, der „gekommen ist, um zu suchen und zu retten, was verloren ist" (19,10).

Frauen

Die Frauen treten im Lukasevangelium deutlicher hervor als in den anderen Evangelien. Die hervorgehobene Rolle von Maria und Elisabeth, der Mutter von Johannes dem Täufer, wird in Lk 1 besonders herausgearbeitet. Nach Lk 8,1–3 hatte Jesus auch Jüngerinnen in seinem Gefolge, u. a. Maria Magdalena wird hier ausdrücklich erwähnt. In 10,38–42 kommt Jesus zu Maria und Marta – Marta beklagt sich darüber, dass Maria ihr nicht hilft, weil sie Jesus zuhört, Jesus aber verteidigt Maria. Die hartnäckig bittende Witwe bekommt endlich Recht. Um wie viel mehr wird also Gott – so betont Lukas – denen Recht verschaffen, die Tag und Nacht zu ihm rufen (18,1–8).

letzte Worte am Kreuz

Der lukanische Christus klagt nicht am Kreuz (vgl. Mk 15,34), sondern sagt: „Vater, in deine Hände lege ich meinen Geist." (Lk 23,46). Das ist ein Zitat aus Ps 31,6. Der Psalmvers endet mit den Worten: „Du erlösest mich, Herr, du getreuer Gott." Bei Lukas stirbt Jesus also als treuer Märtyrer.

Erscheinungserzählungen

Während Markus den Blick am Ende des Evangeliums zurück nach Galiläa lenkt (Mk 16,7; vgl. Lk 24,6), situiert Lukas die Erscheinungserzählungen in und bei Jerusalem. Berühmt ist die sogenannte Emmauserzählung, in der zwei niedergeschlagene Jünger auf ihrem Weg nach Emmaus den Auferstandenen treffen, ohne ihn jedoch zu erkennen. Die Jünger erzählen dem Mann von ihrer großen Enttäuschung: „Wir aber hatten gehofft, dass er der sei, der Israel erlösen werde." (24,21). Als die drei Männer nach Emmaus kommen, sagen die Männer zum Auferstandenen: „Bleibe bei uns, denn es will Abend werden, und der Tag hat sich geneigt.“ (24,29). Jesus nimmt die Einladung an und bricht das Brot. In dieser Handlung erkennen die beiden Jünger, wen sie vor sich haben. In Jerusalem tritt der Auferstandene unter die elf (Judas ist nicht mehr dabei) Apostel und kündigt ihnen an: „Und ich werde die Gabe, die mein Vater verheißen hat, zu euch herabsenden. Bleibt in der Stadt, bis ihr mit der Kraft aus der Höhe erfüllt werdet.“ (24,49). Gemeint ist die Ausgießung des heiligen Geistes, von der Lukas in der Apostelgeschichte, Kap. 2, erzählt. Das Lukasevangelium endet mit der Schilderung der Himmelfahrt Jesu (24,50–53).

Impulse:

Impulse

1. Wie lassen sich im Markusevangelium die Schweigegebote am Ende von Wundergeschichten erklären?
2. Welches sind die letzten Worte des markinischen Chris-tus am Kreuz und wie sind diese Worte zu deuten?
3. Mk 16,8 – ein (un)sinniger Schluss?
4. Inwiefern ist der Missionsauftrag in Mt 28,16-20 der Schlüssel zum Verständnis des ganzen Evangeliums?
5. Können bzw. sollen wir heute nach den Forderungen der Bergpredigt leben?
6. Das letzte Gericht – was sagt Matthäus und wie denken Sie darüber?
7. Warum hat Lukas „seinem“ Christus am Kreuz andere Worte in den Mund gelegt als Markus?
8. Welcher Christus – der markinische, der matthäische oder der lukanische – gefällt Ihnen am besten und warum?

5. Die Apostelgeschichte

„Im ersten Buch, lieber Theophilus, habe ich über alles berichtet, was Jesus getan und gelehrt hat, bis zu dem Tag, an dem er (in den Himmel) aufgenommen wurde." (Apg 1,1–2) Mit diesen einleitenden Worten knüpft Lukas an sein Evangelium (s. o., Kapitel 4.3) an und setzt es fort. Nachdem er von Jesu Lehre und Taten erzählt hat, berichtet er nun von den Taten der Apostel nach Jesu Himmelfahrt. Die Apostelgeschichte wird daher auch als „Taten der Apostel" (lateinisch: „acta apostolorum") bezeichnet. Der Aufbau dieses zweiten Buches des Lukas ergibt sich aus Apg 1,8: „Aber ihr werdet die Kraft des Heiligen Geistes empfangen, der auf euch herabkommen wird; und ihr werdet meine Zeugen sein in Jerusalem und in ganz Judäa und Samarien und bis an die Grenzen der Erde." Lukas schildert die Ausbreitung des Christentums in drei Stufen: erstens in Jerusalem unter den Judenchristen, zweitens in den umgrenzenden Gebieten (Judäa/Samaria) durch den Griechisch sprechenden Teil der Jerusalemer Judenchristen (die sogenannten „Hellenisten", vgl. Apg 6,1) und drittens unter den Heidenchristen „bis an die Grenzen der Erde", de facto bis Rom.

Aufriss

Apg 1,15–8,1 handelt von der Jerusalemer Urgemeinde. Zunächst wird per Losverfahren die „Apostelstelle" des Judas, die durch dessen Verrat und Tod frei geworden ist, wieder besetzt, und zwar durch Matthias, einen Augenzeugen (1,21f.). Hier wird deutlich, was Lukas unter „Aposteln" versteht: Apostel müssen dem irdischen Jesus nachgefolgt sein. Außerdem ist für Lukas wichtig, dass es zwölf Apostel gibt – deshalb muss der Platz des Judas neu vergeben werden.

Matthias als 12. Apostel

Danach erzählt Lukas vom Pfingstereignis (2,1–36). Die Apostel werden „erfüllt von dem heiligen Geist" und fangen an,

Pfingsten

in anderen Sprachen zu predigen (2,4). In Umkehr der Sprachverwirrung, die nach alttestamentlicher Tradition durch den Turmbau zu Babel in die Welt kam (Gen 11), werden die Apostel von Menschen mit ganz unterschiedlichen Muttersprachen verstanden (Apg 2,6–13). Durch das Pfingstereignis bildet sich die erste Gemeinde, insofern ist Pfingsten die Geburtsstunde der Kirche. Deshalb werden der Glaube an den heiligen Geist und der Glaube an die christliche Kirche im Apostolischen Glaubensbekenntnis auch eng zusammengefasst („Ich glaube an den heiligen Geist, die heilige, christliche Kirche …").

Idealbild der ersten Gemeinde

Lukas erstellt ein Idealbild dieser ersten christlichen Gemeinschaft: „Und alle, die gläubig geworden waren, bildeten eine Gemeinschaft und hatten alles gemeinsam. Sie verkauften Hab und Gut und verteilten sie unter alle, jedem so viel, wie er nötig hatte. Und sie waren täglich einmütig beieinander im Tempel und brachen das Brot hier und dort in den Häusern, hielten Mahlzeiten mit Freude und reinem Herzen. Sie lobten Gott und waren beim ganzen Volk beliebt." (2,44–47). Mehrere Aspekte sind hier bemerkenswert: Die erste Gemeinde lebt friedlich, ohne Konflikte, zusammen. Lukas ist insgesamt bemüht, ein möglichst harmonisches Bild von den Anfängen des Christentums zu zeichnen. In der ersten Gemeinde herrscht Gütergemeinschaft (vgl. 4,32–37; 5,1–11; man spricht hier auch vom „Liebeskommunismus").

Kontinuität zu Israel

Der (Jerusalemer!) Tempel spielt bei den ersten Christen, die ja – wie Jesus – Juden sind, nach wie vor eine große Rolle. Für Lukas steht die christliche Gemeinde in Kontinuität zu Israel. Das zeigten auch die Geburtsgeschichten des Lukasevangeliums, die in weitgehender Parallelität von der Geburt Jesu und derjenigen Johannes des Täufers erzählen und die Eltern von Johannes als fromme Juden darstellen (Lk 1,8–20; s. o., Kapitel 4.3). Die erste Gemeinde ist im Volk beliebt.

Konflikt in der Urgemeinde

Im 6. Kapitel hören wir von einem ersten Konflikt in der Jerusalemer Urgemeinde: die Witwen der Griechisch sprechenden Juden(christen), also der „Hellenisten", werden bei der täglichen Versorgung übersehen (Apg 6,1). Daraufhin fordern die zwölf Apostel die Urgemeinde auf, sieben Männer zu bestimmen, die sich um diese Dinge kümmern sollen (6,3). Stephanus, einer dieser sieben Männer, wird aufgrund von Verleumdungen vor dem jüdischen Hohen Rat angeklagt (6,12). Der Hohe Rat (auch: Synhedrium) war zur Zeit Jesu das höchste jüdische Entscheidungsorgan, an dessen Spitze der Hohepriester (s. u., Kapitel 7) stand. Stephanus wird gesteinigt. „Saulus aber war mit dem Mord einverstanden." (8,1; s. o., Kapitel 3.1.)

Jerusalemer Urgemeinde

In der Forschung ist umstritten, welche historischen Rückschlüsse wir aus dem Konflikt zwischen den Hellenisten und den Hebräern, also den aramäisch sprechenden Jerusalemer Judenchristen, ziehen dürfen. Nach einer einflussreichen These von Martin Hengel (geb. 1926) feierten die Hebräer und die Hellenisten aufgrund der Sprachbarriere in Jerusalem getrennt Gottesdienst. Die Hellenisten, deren Führer die Sieben (vgl. 6,3) waren, entwickelten eine eigene Theologie, die dem Jerusalemer Tempel und den jüdischen Geboten kritischer gegenüberstand als die Theologie der Hebräer. Deshalb wurden die Hellenisten in Jerusalem von einigen Juden (z. B. Saulus/Paulus) verfolgt und flohen – z. B. nach Antiochien (11,19). Hier bildete sich eine christliche Gemeinde, die im Unterschied zur Jerusalemer Urgemeinde auch Heiden missionierte (11,20; s. o., Kapitel 3.1). Dieser These zufolge waren die Hellenisten für die Ausbreitung des Christentums von erheblicher Bedeutung, weil sie die Botschaft von Jesus Christus auf Griechisch verbreiteten, und zwar auch außerhalb Jerusalems und auch gegenüber Nicht-Juden. Einige Forscher sind allerdings der Ansicht, dass diese (Re-)Konstruktion die biblischen Texte überstrapaziert.

Bekehrung/ Berufung des Saulus/Paulus nach Apg 9

Saulus verfolgt die Jerusalemer Urgemeinde (8,3; s. o., Kapitel 3.1). Er will in seinem Eifer auch in Damaskus die „Anhänger des neuen Wegs" (9,2) verfolgen. Plötzlich kommt ein Licht vom Himmel, er fällt zur Erde und hört eine Stimme, die zu ihm spricht: „Saul, Saul, was verfolgst du mich?" (9,4) Saulus erblindet für drei Tage. Hananias, ein Jünger aus Damaskus, erhält vom Herrn den Auftrag, zu Saulus zu gehen (9,15). Hananias tut, wie ihm geheißen. Abschließend heißt es von Saulus (9,18–19): „Und sogleich fiel es von seinen Augen wie Schuppen, und er wurde wieder sehend; und er stand auf, ließ sich taufen und nahm Speise zu sich und stärkte sich."

christliche Gemeinde in Antiochien

Nach dieser berühmten Erzählung verschwindet Paulus zunächst wieder von der Bildfläche. In 11,19–26 hören wir von der christlichen Gemeinde im syrischen Antiochien/Antiochia, die von den aus Jerusalem geflohenen Judenchristen gegründet wurde und auch zur Heidenmission überging. Deshalb wurden die Antiochenischen Christen zum ersten Mal von den Juden unterschieden: „In Antiochia wurden die Jünger zuerst Christen genannt." (11,26). Aus Jerusalem wird Barnabas nach Antiochien geschickt (11,22). Er zieht nach Tarsus, zum Geburtsort des Saulus/Paulus, und holt Saulus nach Antiochien (11,25–26). Später treten Barnabas und Saulus ihre erste Missionsreise an (13,1–14,20) und kehren dann nach Antiochien zurück (14,20–28).

Apostelkonzil

In Apg 15 schildert Lukas die Ereignisse des Apostelkonvents/Apostelkonzils in Jerusalem. Im Vergleich zur Schilderung desselben Ereignisses durch Paulus (s. o., Kapitel 3.1) gibt es einige Unterschiede: Jakobus tritt hier als Vermittler zwischen christlichen Pharisäern (s. o., Kapitel 3.1) auf der einen und Petrus, Paulus und Barnabas auf der anderen Seite auf. Lukas berichtet außerdem davon, dass auf dem Apostelkonzil ein „Aposteldekret" beschlossen wurde: „Denn der heilige Geist und wir haben beschlossen, euch keine weitere Last aufzuerlegen als diese notwendigen Dinge: Götzenopferfleisch [s. o., Kapitel 3.2], Blut, Ersticktes und Unzucht zu meiden." (15,28–29). Historisch ist hier wohl die paulinische Darstellung korrekt: Den Heidenchristen wurde nichts auferlegt – auch kein Aposteldekret (Gal 2,6). Wahrscheinlich datiert Lukas ein später (in bestimmten Gebieten) gültiges Dekret auf das Apostelkonzil zurück. Der Apostelkonvent stellt für Lukas den kompositionellen und sachlichen Mittelpunkt der Apostelgeschichte dar. Er markiert das Ende der Urgemeinde (die Apostel werden nicht mehr erwähnt) und den Beginn der beschneidungsfreien Heidenmission. Paulus betritt nun als Hauptfigur die Bühne.

von Jerusalem nach Rom

Paulus und Barnabas geraten nach dem Apostelkonzil „scharf aneinander, sodass sie sich trennten" (15,39). Die zweite Missionsreise (15,36–18,22) unternimmt Paulus mit Silas. Nach einem erneuten Aufenthalt in Antiochien bricht er zur dritten Missionsreise auf (18,23–21,17). (Die einzelnen Stationen der

Missionsreisen sind auf Karten zum Leben des Paulus verzeichnet, die den meisten deutschen Übersetzungen des Neuen Testaments beigefügt sind.) Apg 19,21 benennt einen wichtigen Wendepunkt: Paulus entschließt sich, unter der Führung des Heiligen Geistes nach Jerusalem und Rom zu gehen. Die Ausrichtung von Jerusalem nach Rom, die für das Gesamtwerk zentral ist (vgl. 1,8), wird hier programmatisch formuliert. Ausführlich berichtet die Apostelgeschichte dann von der Verhaftung des Paulus in Jerusalem und seinem Weg als Gefangener über Caesarea nach Rom (21,18–28,31; s. o., Kapitel 3.1).

Parusieverzögerung

Während die anderen Evangelisten ihre Erzählung von Jesus mit Tod und Auferstehung enden lassen, fügt Lukas eine zweite Schrift an, die von den ersten Christen erzählt. Warum tut er das? Dahinter steht ein theologisches Interesse: Lukas bedenkt die Tatsache, dass es eine Geschichte der Kirche gibt. Die ersten Christen erwarteten täglich die Wiederkunft Jesu Christi (Parusie) und damit das Ende dieser Welt. Die Zeit nach Jesu Auferstehung kam dadurch zunächst gar nicht als eigene Epoche in den Blick. Das ändert sich erst, als die Parusie nach mehreren Jahrzehnten immer noch nicht eingetroffen ist. Lukas setzt sich mit dieser Frage der Parusieverzögerung auseinander. Auf die Frage: „Herr, stellst du in dieser Zeit das Reich für Israel wieder her?", antwortet der Auferstandene: „Euch steht es nicht zu, Zeiten und Fristen zu erfahren, die der Vater in seiner Macht bestimmt hat." (1,6f.) Das heißt: Der Auferstandene weist die Frage nach dem Zeitpunkt der Parusie zurück. Er erteilt stattdessen den Auftrag zur Evangeliumsverkündigung (1,8). Damit gibt Lukas die Parusieerwartung nicht auf (vgl. 17,31). Es gilt, stets bereit zu sein für das Ende und die gewährte Zeit für die Evangeliumsverkündigung zu nutzen. Die Parusieverzögerung hat damit einen von Gott gewollten Sinn.

das wahre Israel

In der eben zitierten Frage (1,6) fällt auf, dass von dem „Reich für Israel" die Rede ist. Damit stellen sich zwei Fragen: a) Wie verhält es sich mit den Verheißungen Gottes an Israel? b) Ist die heidenchristliche Kirche Teil des Gottesvolkes? Lukas antwortet: Gottes Handeln lässt die Kirche entstehen, und diese Kirche ist das wahre Israel aus Juden und Heiden. Der Heilige

Geist wird nicht nur den Juden(christen) gegeben, sondern auch den Heidenchristen (10,44; vgl. 11,18). Der lukanische Paulus predigt immer zuerst in den Synagogen und wendet sich erst danach den Heiden zu. Aber große Teile Israels nehmen das Heilsangebot nicht an, sodass Gott sein Volk aus den Heiden gewinnt (15,14). Weil Jerusalem das Zeugnis der zwölf Apostel, der Urgemeinde und des Paulus ablehnt, wird es zu einem Ort des Unheils: Paulus wird dort verhaftet. Gott bleibt seinen Zusagen und Verheißungen treu, aber Israel wendet sich zunehmend ab. Der lukanische Paulus interpretiert das Scheitern der Judenmission als Verstockung (28,26–27). Verstockung bedeutet die dauerhafte Abstumpfung der menschlichen Erkenntnis- und Wahrnehmungsorgane gegenüber dem Wort und Willen Gottes. Während Israel verstockt ist, sind die Völker bereit, das Wort Gottes zu hören (28,28).

heilsgeschichtliche Konzeption

Lukas ist überzeugt davon, dass die Geschichte von einem sinnvollen und zielgerichteten Handeln Gottes her zu verstehen ist. Er entwirft insofern eine Heilsgeschichte. Seine heilsgeschichtliche Konzeption kennt unterschiedliche Epochen. Hans Conzelmann (1915–1989) hat die einflussreiche These vertreten, dass Lukas Jesus Christus als die „Mitte der Zeit" gesehen hat – zwischen der Zeit Israels (des Alten Testaments) und der Zeit der Kirche. Die Zeit Jesu auf der Erde sei eine „satansfreie Zeit" (Lk 4,13; 22,3). Die einzelnen Epochen können wohl aber nicht so scharf voneinander abgegrenzt werden, wie Conzelmann es vorschlug. So zeigt schon die Parallelisierung der Geburtsgeschichten, dass Jesus und Johannes der Täufer nach lukanischem Verständnis nicht zwei unterschiedlichen Epochen der Heilsgeschichte angehören. Die Jesuszeit ist für Lukas die zentrale Heilszeit, aus der die Kirche hervorgeht und auf die sie sich immer wieder zurückbeziehen muss.

historischer Wert der Apostelgeschichte

Inwiefern sind die Darstellungen des Lukas historisch korrekt? Diese Frage ist in der Forschung umstritten. Wenn wir mit der Mehrheit der Forscher annehmen, dass die Apostelgeschichte – ähnlich wie das Lukasevangelium – um 100 n. Chr. entstanden ist, dann liegt bereits eine erhebliche zeitliche Distanz zu den Ereignissen vor, von denen Lukas berichtet. Vielleicht benutzt Lukas aber ältere Quellen und Traditionen, die historisch recht zuverlässig sind.

Paulus der Apostelgeschichte

Rätselhaft bleibt, dass Lukas sich auf keinen der uns überlieferten Paulusbriefe bezieht, obwohl Paulus bei ihm so eine zentrale Stellung einnimmt. Hat er die Briefe nicht gekannt? Oder wollte er zentrale Aussagen der Briefe durch seine Darstellung stillschweigend korrigieren? Der Paulus der Apostelgeschichte ist jedenfalls ein anderer als der Paulus, der uns in den Briefen begegnet. Für Lukas ist Paulus kein Apostel, sondern der Repräsentant der zweiten Christengeneration, der 13. Zeuge (vgl. Apg 22,15; 26,16).

Verfasser

Was wissen wir über den Verfasser des Lukasevangeliums und der Apostelgeschichte? Nach einer alten Tradition (um 180 n. Chr.) war Lukas ein Begleiter des Paulus. Diese Notiz stützt sich auf die Passagen in der Apg, in denen der Verfasser als ein enger Mitarbeiter des Paulus erscheint („Wir"-Stellen: Apg 16,10–17; 20,5–15; 21,1–18; 27,1–28,16). In Kol 4,14 taucht ein Paulusbegleiter mit Namen Lukas auf. Es ist jedoch sehr unwahrscheinlich, dass der Verfasser tatsächlich ein Paulusbegleiter war, denn Lukas deutet zentrale Elemente der paulinischen Theologie (z. B. die Rechtfertigungslehre) nur an (vgl. Apg 13,38). Seine eigene Theologie ist nicht paulinisch geprägt. Über den tatsächlichen Verfasser können wir nur sagen, dass es sich um einen literarisch gebildeten Theologen und Historiker handelt (vgl. die Prologe).

lukanische Gemeinde

Wie sah die Gemeinde aus, für die Lukas schrieb? Sie war mehrheitlich heidenchristlich. Lukas setzt die gesetzesfreie Heidenmission voraus (vgl. Apg 10; 28,28). In der Gemeinde schwindet die Parusienaherwartung (s. o.). Außerdem scheinen Reichtum und Armut ein wichtiges Thema in der Gemeinde zu sein – wenigstens aus Sicht des Lukas. Den rechten Umgang mit Geld und Besitz macht Lukas zu einem zentralen Thema (vgl. Lk 3,11; Apg 2,45; 4,34–37; s. o., Kapitel 4.3). Er stellt seiner Gemeinde die Urgemeinde als ideales Vorbild vor Augen (s. o.). Ein weiteres wichtiges Thema für Lukas ist das Verhältnis von Staat und Kirche. Vielleicht sah Lukas die Gefahr, dass der römische Staat die Gemeinde bedrängen könnte. Deshalb rückt Lukas den römischen Staat in ein positives Licht – auf Kosten der Juden.

Besonders deutlich wird das in der lukanischen Passionserzählung: Hier erscheinen die Juden als die Hauptschuldigen am Tod Jesu (Lk 23,4.14f.22). Nicht der römische Staat verfolgt Paulus, sondern – so betont Lukas – die Juden (Apg 13,50; 17,5–7.13; 21,27ff.).

Impulse:

Impulse

1. Stellen Sie die Unterschiede in den Schilderungen des Apostelkonzils durch Paulus (Gal 2,1–10; s. o., Kapitel 3.1.) und Lukas (Apg 15) tabellarisch zusammen.
2. Warum ist Paulus für Lukas kein Apostel?
3. Skizzieren Sie die Situation der lukanischen Gemeinde.

6. Das Johannesevangelium und die johanneischen Briefe

Das Johannesevangelium unterscheidet sich deutlich von den drei anderen Evangelien, die ins Neue Testament aufgenommen wurden. Es wird daher auch nicht zu den synoptischen Evangelien gezählt.

Sonderstellung des Johannesevangeliums

Ob der Evangelist des 4. Evangeliums die anderen Evangelien – oder zumindest eines oder zwei von ihnen – gekannt hat, wird in der Forschung kontrovers diskutiert. Dagegen spricht, dass das Johannesevangelium so deutlich von den anderen Evangelien abweicht – es hat einen anderen Aufbau, beginnt mit einem inhaltsschweren Prolog (Vorwort), führt Personen ein, die uns in den anderen Evangelien nicht begegnen. Es beinhaltet auch keine Gleichnisse, dafür aber so genannte „Ich-bin-Worte" und Abschiedsreden. Falls der Verfasser des 4. Evangeliums andere Evangelien gekannt hat, hat er sie jedenfalls nicht in dem Sinne als Vorlage für sein eigenes Schreiben benutzt wie Matthäus und Lukas das Markusevangelium.

Allerdings verfasst auch er ein Evangelium (s. o., Kapitel 4). Diese formkritische (s. o., Kapitel 2.6.) Beobachtung spricht dafür, dass Johannes mindestens *ein* weiteres Evangelium gekannt hat, denn sonst müssten wir annehmen, dass dieselbe Gattung („Evangelium") innerhalb kurzer Zeit zwei Mal unabhängig voneinander „erfunden" worden wäre.

Aufriss

Das 4. Evangelium beginnt bei seiner Erzählung von Jesus Christus nicht – wie das Markusevangelium – bei der Taufe des (erwachsenen) Jesus und auch nicht – wie das Matthäus- und das Lukasevangelium – mit der Geburtsgeschichte Jesu, sondern es setzt schon vor der Geburt Jesu Christi bei Gott „im Himmel" ein. Nach diesem Prolog (Vorwort; 1,1–18) folgt der erste Hauptteil (1,19–12,50), in dem der johanneische Christus sich in der Öffentlichkeit offenbart – v. a. durch lange Reden (z. B. 3,1–21; 5,19–47; 6,22–59; 8,21–59) und Wundertaten, die das Johannesevangelium „Zeichen" nennt (Weinwunder bei der Hochzeit: 2,1–12; Heilung des Sohnes eines königlichen Beamten: 4,43–54; Heilung eines Gelähmten am Teich Betesda: 5,1–18; Speisung der 5000: 6,1–15; Heilung eines Blindgeborenen: 9; Auferweckung des Lazarus: 11).

Im 12. Kapitel heißt es: „Dies sagte Jesus. Und er ging fort und verbarg sich vor ihnen." (12,36). Jesus zieht sich anschließend nach einer letzten Rede vor dem Volk (12,37–50) aus der Öffentlichkeit zurück. Es folgen die Erzählung von der Fußwaschung (13,1–20) – die uns nur bei Johannes begegnet, und die Ansagen des Verrats durch Judas (13,21–30) und der Verleugnung durch Petrus (13,36–38). In den Passionsbericht, der in weiten Teilen Parallelen zu den Passionserzählungen der Synoptiker aufweist, wird dann ein längerer Block eingeschoben, der uns ebenfalls nur bei Johannes überliefert ist: In den Kapiteln 14–16, den so genannten „Abschiedsreden", spricht der johanneische Christus mit seinen Jüngern darüber, wie es für sie nach seinem Tod weitergehen wird. In Kapitel 17 folgt ein Gebet Jesu. In den Kapiteln 18 und 19 greift der Evangelist wieder den Erzählfaden der Passion auf.

Erscheinungsberichte

Das Johannesevangelium bietet mehrere Erscheinungsberichte: Maria Magdalena hält den Auferstandenen zunächst für den Gärtner (20,11–18). Der Auferstandene erscheint den Jüngern (20,19–23). Der „ungläubige Thomas", der gerade nicht da war, will das nicht glauben, und Jesus kommt nochmals und fordert Thomas dazu auf, seinen Finger in seine Seite zu legen (20,24–29). Jesus offenbart sich den Jüngern nochmals am See von Tiberias (21,1–14) und hält ein Mahl mit den Jüngern (21,15–23). Das Johannesevangelium hat zwei Buchschlüsse, die sich inhaltlich ähneln (20,30f.; 21,25). Der doppelte Schluss könnte darauf hinweisen, dass das 21. Kapitel später angefügt wurde.

Prolog

Der berühmte Johannesprolog (1,1–18) lenkt den Blick des Lesers zurück an „den Anfang" der Welt – hier klingt der Anfang des alttestamentlichen Schöpfungsberichts an (vgl. Gen 1,1). Lange vor seiner Geburt, von der das Johannesevangelium als „Fleischwerdung" bzw. „Inkarnation" spricht (1,14), ist Christus als der „Logos", also als das Wort, bei Gott (1,1f.). Der Logos ist bei der Schöpfung dabei (1,3). Man spricht in diesem Zusammenhang von der Präexistenz Christi. Damit ist die Überzeugung gemeint, dass Christus schon *vor* seiner fleischlichen *Existenz* „da war". Er kommt „von oben" (vgl. 3,3), von Gott, auf die Erde und kehrt zu Gott zurück (vgl. 16,28). Das Johannesevangelium macht seinen Lesern von Anfang an deutlich, dass Jesus Christus von Gott kommt und deshalb als Einziger Kunde von Gott bringen kann (1,18). Man nennt diesen christologischen Ansatz „Christologie von oben".

Christologie als zentrales Thema

Damit ist das zentrale Thema des Johannesevangeliums eingeleitet: die Rede von Christus, also die Christologie. Im (ersten) Buchschluss streicht der Evangelist die Bedeutung dieses Themas nochmals heraus: „Noch viele andere Zeichen hat Jesus vor den Jüngern getan, die nicht in diesem Buch aufgeschrieben sind. Diese aber sind aufgeschrieben, damit ihr glaubt, dass Jesus der Messias [Christus], der Sohn Gottes ist, und damit ihr durch den Glauben das Leben habt in seinem Namen." (Joh 20,30f.) Der Verfasser des Johannesevangeliums äußert sich hier zu der Absicht, mit der er sein Schreiben verfasst. Seine Adressaten sollen glauben, dass Jesus der Messias bzw. der Christus ist (s. o., Kapitel 2.2), der Sohn Gottes.

Gesandtenchristologie

Während uns im Prolog der Logos begegnet, wird Jesus Christus im weiteren Evangelium anders dargestellt. Er ist der Bote bzw. der Gesandte Gottes. Im Hintergrund steht ein Schema, das in der Antike weit verbreitet war und das folgende Motive umfasst:

- Ein Bote ist gesandt. Deshalb spricht der johanneische Christus immer wieder von dem „Vater, der mich gesandt hat" (z. B. 5,36f.).
- Ein Bote muss sich ausweisen, er muss sich als Gesandter legitimieren. Sofern er das kann, gilt er als der vollgültige Vertreter dessen, der ihn gesandt hat. Der johanneische Christus verweist auf das Zeugnis von Johannes dem Täu-

fer, auf seine eigenen Werke, auf die (Heilige) Schrift, also das Alte Testament, und auf Gottes Stimme (5,31–40).

- Ein Bote muss sich vorstellen. Der johanneische Christus tut das durch die „Ich-bin-Worte“: Ich bin das Brot des Lebens, das Licht der Welt, der gute Hirte, die Tür, die Auferstehung und das Leben, der Weg, die Wahrheit und das Leben, der wahre Weinstock (6,35; 8,12; 10,7.9.11; 11,25f.; 14,6; 15,1.5).
- Ein Bote hat einen Auftrag. Der johanneische Christus hat den Auftrag, das Leben zu bringen und das „neue Gebot“ der Liebe zu verkünden (13,34).
- Ein Bote kehrt zu seinem Auftraggeber zurück, wenn der Auftrag erfüllt ist. Der johanneische Christus ruft am Kreuz aus: „Es ist vollbracht.“ (19,30) Zu Maria Magdalena sagt der Auferstandene: „Ich gehe hinauf zu meinem Vater und zu eurem Vater, zu meinem Gott und zu eurem Gott.“ (20,17)
- Ein Bote legt über die Erfüllung seines Auftrags Rechenschaft ab. Der johanneische Christus sagt kurz vor seiner Kreuzigung zu Gott: „Ich habe dich auf Erden verherrlicht und das Werk zu Ende geführt, das du mir aufgetragen hast.“ (17,4)
- Von diesem Konzept der Gesandtenchristologie her wird verständlich, warum Jesus im Johannesevangelium – anders als in den synoptischen Evangelien – keine Gleichnisse erzählt. Er spricht nicht von der kommenden Gottesherrschaft, sondern er verkündigt sich selbst, weil er der Gesandte des Vaters ist. Nur er ist „der Weg, die Wahrheit und das Leben“ (14,6). Für die Menschen ist er der einzige Weg zum Vater.

Dualismus

Warum ist es für die Menschen so wichtig, zu Gott zu kommen? Johannes zeichnet den göttlichen Himmel und die Erde in schroffen Gegensätzen: Der Himmel ist durch Licht (1,4f.; 8,12), Wahrheit (3,21; 14,6) und Leben (5,24f.; 11,25f.; 14,6) gekennzeichnet, auf der Erde hingegen gibt es Finsternis (1,5), Lüge (8,44) und Tod (5,21.24f.). Der Evangelist vertritt ein weitgehend dualistisches Weltbild, also ein Weltbild, das durch diese Gegensätze geprägt ist. Zwischen dem himmlischen und dem irdischen Bereich gibt es eine Barriere, die es den Menschen unmöglich macht, in den oberen Bereich zu kommen. Nur Jesus Christus kann diese Barriere überwinden, denn er ist als einziger „von oben" gekommen (1,18; 3,3f.). Als göttlicher Gesandter kann er den Menschen das göttliche Heilsangebot des ewigen Lebens bringen (5,24f.) und sie nach seiner Rückkehr zum Vater „zu sich ziehen" (12,32).

präsentische Eschatologie

„Wer mein Wort hört und dem glaubt, der mich gesandt hat, hat das ewige Leben; er kommt nicht ins Gericht, sondern ist aus dem Tod ins Leben hinübergegangen." (5,24). In der Begegnung mit dem göttlichen Gesandten entscheiden sich also Heil und Unheil hier und jetzt. Das Leben, das Jesus Christus bringt, ist endgültig und kann durch nichts je überboten werden. Kein Jüngstes Gericht kann dieses Leben „einkassieren". Es ist endgültig und hat damit eschatologische (s. o., Kapitel 3.3) Qualität. Mit der Betonung, dass sich in der Begegnung mit Jesus Christus im Hier und Jetzt eschatologisches Heil mitten in der Zeit ereignet, legt das Johannesevangelium einen starken Akzent auf die präsentische, also gegenwärtige, Eschatologie. Damit ist gemeint, dass eschatologische Ereignisse, die im Urchristentum normalerweise für die Zukunft erwartet werden – also etwa die Wiederkunft Jesu Christi (Parusie, vgl. z. B. 1Thess 4,13–17; s. o., Kapitel 3.2), die Auferstehung der Toten (vgl. z. B. Offb 20,13) und das Endgericht (vgl. z. B. Mt 25,31–46; s. o., Kapitel 4.2) – so umgedeutet werden, dass von ihnen gesagt werden kann, sie würden bereits in der Gegenwart stattfinden.

Wie geht Johannes bei dieser präsentischen Umdeutung futurischer (zukünftiger) Ereignisse vor? In 14,2 kündigt Jesus an, dass er die Jünger verlässt, um unter den vielen Wohnungen beim Vater einen Platz für sie vorzubereiten und verheißt dann die Parusie im traditionellen, futurischen Sinne: Dann „komme ich wieder und werde euch zu mir holen …" (14,3). Am Ende derselben Rede aber verheißt er: „Wenn jemand mich liebt, wird er an meinem Wort festhalten; mein Vater wird ihn lieben, und wir werden zu ihm kommen und bei ihm wohnen." (14,23) Hier liegen die Wohnungen des Heils nicht mehr zukünftig im Himmel, sondern gegenwärtig (präsentisch) in den Herzen der Menschen. Als Jesus zu Maria und Marta kommt, um ihren verstorbenen Bruder Lazarus aufzuerwecken, sagt Jesus zu Marta: „Dein Bruder wird auferstehen." (11,23) Marta referiert daraufhin den allgemein urchristlichen Glauben an eine zukünftige Auferstehung der Toten: „Ich weiß wohl, dass er auferstehen wird – bei der Auferstehung am Letzten Tag." (11,24) Dieser Glaube wird nun durch das anschließende Ich-Bin-Wort Jesu präsentisch überboten: „Ich bin die Auferstehung und das Leben. Wer an mich glaubt, wird leben, auch wenn er stirbt, und jeder, der lebt und an mich glaubt, wird auf ewig nicht sterben." (11,25f.) Die Antwort Jesu spielt mit einer doppelten Bedeutung von „leben" und „sterben". Einmal ist der physische Aspekt gemeint: Die Menschen – auch die johanneischen Christen – werden physisch sterben („auch wenn er stirbt"), genauso wie sie physisch leben („jeder, der lebt"). Leben und Sterben haben aber auch noch eine übertragende Bedeutung: Wer an Jesus glaubt, „wird auf ewig nicht sterben", d. h. er ist schon „auferstanden", im Hier und Jetzt. Deshalb kann es in 5,24 auch von demjenigen, der an Jesus glaubt, heißen: Er „hat [schon jetzt] das ewige Leben", er „ist [schon jetzt] aus dem Tod ins Leben hinübergegangen". Folgerichtig ereignet sich auch das Gericht im Hier und Jetzt: „Wer an ihn [Jesus] glaubt, wird nicht gerichtet; wer nicht glaubt, ist schon gerichtet, weil er an den Namen des einzigen Sohnes Gottes nicht geglaubt hat." (3,18).

Verhältnis futurische – präsentische Eschatologie

Neben diesen Elementen präsentischer Eschatologie, die uns in dieser Zuspitzung nur im Johannesevangelium begegnen, finden sich auch Elemente futurischer Eschatologie. So heißt es z. B. in 5,28f.: „Die Stunde kommt, in der alle, die in den Gräbern sind, seine Stimme hören und herauskommen werden: Die das Gute getan haben, werden zum Leben auferstehen, die das Böse getan haben, zum Gericht." Hier hören wir wieder von einer zukünftigen Auferstehung der Toten und einem zukünftigen Gericht, in denen die Taten der Menschen über ihr eschatologisches Schicksal entscheiden. In der Forschung ist umstritten, wie dieses Nebeneinander von präsentischen und futurischen Aussagen zu erklären ist. Einige Exegeten sind der Ansicht, dass sich diese Aussagen widersprechen. Daher müsse man annehmen, dass diejenigen futurischen Aussagen, die nicht umgedeutet werden, später von einer Gruppe in das Evangelium eingetragen worden seien. Diese Gruppe wird „kirchliche Redaktion" genannt, weil sie einige Jahre, nachdem das Johannesevangelium fertiggestellt worden war, versucht habe, die präsentische Eschatologie des Johannesevangeliums der futurischen Eschatologie der „Kirche" anzupassen. Diese These rechnet also damit, dass das Johannesevangelium in zwei Fassungen herausgekommen ist: Zuerst hat der Evangelist eine Schrift verfasst, in der die präsentische Eschatologie stark dominierte. Später ist diese Erst-Fassung (die uns allerdings in keiner einzigen Handschrift begegnet!) u. a. durch Elemente futurischer Eschatologie ergänzt worden. Wir kennen heute nur diese „zweite" Fassung. Andere Exegeten sind der Ansicht, dass sich die präsentischen und die futurischen Aussagen zur Eschatologie nicht widersprechen, sondern ergänzen – etwa in der Art, dass die präsentischen Aussagen das Leben und Sterben v. a. im übertragenen Sinne bedenken, während die futurischen Aussagen auch die physischen Aspekte berücksichtigen. Wenn wir von dieser ergänzenden Funktion der futurischen Aussagen ausgehen, können sowohl die präsentischen als auch die futurischen Formulierungen vom Evangelisten stammen.

Paraklet

Wenn es sich so verhält, dass in der Begegnung mit dem göttlichen Gesandten die Entscheidung über Heil und Unheil fällt, dann stellt sich die Frage, wie es um uns bestellt ist, die wir den irdischen Jesus nicht mehr erlebt haben. Haben wir „Pech gehabt"? Diese Frage mussten sich schon die johanneischen Christen stellen, denn der Evangelist schreibt ja zu einer Zeit, als Jesus längst gekreuzigt war. In den Abschiedsreden (s. o) präsentiert er die Lösung dieses Problems: „Und ich werde den Vater bitten, und er wird euch einen anderen Parakleten geben, der für immer bei euch sein wird. Es ist der Geist der Wahrheit …" (14,16f.) Paraklet bedeutet soviel wie „Tröster", „Fürsprecher" oder „Beistand". Wenn Christus hier von einem „anderen Parakleten" spricht, dann bezeichnet er sich selbst indirekt ebenfalls als Parakleten. Andersherum bedeutet das: Der „andere Paraklet" sorgt dafür, dass das Heilsangebot, das der göttliche Gesandte in die Welt gebracht hat, weiterhin besteht. Er ist der „Geist der Wahrheit", bringt also wie Jesus Christus die göttliche Heilsgabe der Wahrheit zu den Menschen. Diese Kontinuität zwischen Christus und dem Parakleten wird noch an einer anderen Stelle deutlich: „Der Paraklet aber, der heilige Geist, den der Vater in meinem Namen senden wird, der wird euch alles lehren und euch an alles erinnern, was ich euch gesagt habe." (14,26). Die Funktion des Parakleten besteht also darin, die Lehre Jesu weiterzutragen und an ihn zu erinnern. Er soll Zeugnis von Jesus Christus ablegen (15,26). In 16,13 scheint die Funktion des Parakleten noch weiter zu gehen: „Wenn aber jener, der Geist der Wahrheit, kommen wird, wird er euch in die ganze Wahrheit führen." Dieser Vers klingt so, als würde der Paraklet den göttlichen Gesandten sogar überbieten, indem er diejenigen, die an ihn glauben, in „die ganze Wahrheit" führt.

Wie können wir uns die Wirksamkeit dieses Parakleten in der johanneischen Gemeinde konkret vorstellen? Vielleicht gab es „geistbegabte" Menschen, die als Propheten auftraten und der Meinung waren, in ihnen wirke der heilige Geist, also der Paraklet. Vielleicht war die johanneische Gemeinde auch der Ansicht, dass in jedem Christen und in jeder Christin dieser Paraklet wirke. Wenn wir uns fragen, wie die johanneischen Christen dem göttlichen Gesandten begegnen konnten, stoßen wir außerdem auf eine verblüffend einfache Antwort: Sie begegnen ihm, indem sie das Evangelium lesen oder hören, sie begegnen ihm also im Johannesevangelium.

Lieblingsjünger

Dass dieses Evangelium wahr ist, wird von einer Figur bezeugt, die uns – wie der Paraklet auch – nur im Johannesevangelium begegnet: von dem „Jünger, den Jesus lieb hatte", bzw. von dem „Lieblingsjünger". Vom Lieblingsjünger heißt es im zweiten Schluss des Johannesevangeliums: „Dies ist der Jünger, der das alles bezeugt und der es aufgeschrieben hat; und wir wissen, dass sein Zeugnis wahr ist." (21,24) Warum sollten wir diesem Jünger vertrauen? Eben weil er derjenige ist, den Jesus besonders liebt. Der Lieblingsjünger taucht erst in der zweiten Hälfte des Johannesevangeliums auf. Er liegt beim letzten Mahl an der Brust Jesu (13,23) – so wie Jesus am Herzen des Vaters liegt (1,18).

Bei fast allen Texten, in denen der Lieblingsjünger auftritt, wird sein Verhältnis zu Petrus thematisiert. Am auffälligsten ist hier der sogenannte „Wettlauf zum Grab" (20,1–10). Maria Magdalena erzählt Petrus und dem Lieblingsjünger, dass das Grab leer sei. Beide laufen zum Grab. Der Lieblingsjünger ist schneller, aber er wartet auf Petrus und lässt ihm den Vortritt. Erst nach Petrus betritt auch der Lieblingsjünger die Grabhöhle. Als der Auferstandene den Jüngern am See Tiberias erscheint (21,1–14), erteilt er speziell Petrus dreimal den Auftrag: „Weide meine Lämmer" (21,15.16.17). Petrus fragt daraufhin, was denn mit dem Lieblingsjünger sei. Diese Frage wird vom Auferstandenen zurückgewiesen: „Wenn ich will, dass er bis zu meinem Kommen bleibt, was geht es dich an?" (21,22)

Verhältnis Lieblingsjünger – Petrus

Sowohl der Lieblingsjünger als auch Petrus haben also unter den Jüngern eine hervorgehobene Stellung. Der Lieblingsjünger ist Petrus überlegen – er „läuft schneller". Aber er ist auch darauf bedacht, Petrus „den Vortritt zu lassen". Wahrscheinlich spiegelt sich in diesem merkwürdigen Verhältnis beider Figuren die Situation der johanneischen Gemeinde. Sie nimmt innerhalb der ersten christlichen Gemeinden eine gewisse Sonderstellung ein und beruft sich dafür auf die Autorität des Lieblingsjüngers. In der „Kirche", also in anderen christlichen Gemeinden, ist jedoch Petrus der hervorragende Jünger (vgl. z. B. Mt 16,18f.; s. o., Kapitel 4.2). In den Erzählungen von Petrus und dem Lieblingsjünger reflektiert das Evangelium das Verhältnis zwischen der johanneischen Gemeinde zu anderen christlichen Gemeinden: Es behauptet eine gewisse Sonderstellung der johanneischen Gemeinde, erkennt aber die Autorität des Petrus – und damit die Bedeutung anderer Gemeinden mit ihren z. T. abweichenden theologischen Traditionen – auch an.

Verfasser und Entstehungszeit

Wir haben gesehen, welche theologische Bedeutung der Lieblingsjünger hat. Kann er aus historischer Sicht tatsächlich der Verfasser des Johannesevangeliums sein – und wer ist dann überhaupt der Lieblingsjünger? Einer einflussreichen These zufolge, die bereits um 180 n. Chr. dokumentiert ist, handelt es sich bei dem Lieblingsjünger, also dem Verfasser des Evangeliums, um Johannes, den Sohn des Zebedäus, der uns in den synoptischen Evangelien begegnet (vgl. z. B. Mk 10,35–45). In diesem Fall wäre das 4. Evangelium von einem Augenzeugen des Jesusgeschehens verfasst. Historisch ist das kaum zutreffend. Denn das Johannesevangelium ist wohl erst um 100 n. Chr. entstanden. In diese Richtung weisen folgende Beobachtungen: In 7,49 spricht der jüdische Hohe Rat (s. o., Kapitel 5) einen „Fluch" über das Volk aus, „das vom Gesetz nichts versteht". Damit könnte auf den Fluch über die Ketzer angespielt sein, der in den 80er-Jahren in das Gebet aufgenommen wurde, das Juden in der Synagoge sprachen. Obwohl sich dieser Fluch nicht speziell gegen Christen wandte, konnten diese ihn nicht mitsprechen, denn sie fühlten sich ja nicht mehr an die jüdische Thora, insbesondere an das Gebot der Beschneidung, gebunden. Insofern wurden sie indirekt zu einem Selbstausschluss aus der Synagoge genötigt. An drei Stellen spielt das Johannesevangelium darauf an, dass die johanneischen Christen auch formal aus der Synagoge ausgeschlossen wurden (9,22; 12,42; 16,2). In der Forschung ist umstritten, ob dieser Ausschluss zum Zeitpunkt der Abfassung des Evangeliums gerade erst stattgefunden hat oder ob er bereits länger zurückliegt. Je nachdem, wie man hier urteilt, ergibt sich eine Entstehungszeit zwischen 85 und 120 n. Chr. Die Verbitterung über diesen Ausschluss ist in dem Evangelium jedenfalls noch spürbar: Mehrfach ist pauschal von „den Juden" die Rede, vor denen sich die Eltern des Blindgeborenen fürchten (9,22) oder die „den Teufel zum Vater haben" (8,44). Diese Aussagen sind in der Zeit, in der das Geschehen spielt, unverständlich – denn Jesus und seine Jünger waren ja selbst Juden. Hier scheint die (aktuelle oder ehemalige) Situation der johanneischen Gemeinde durch.

1. Johannesbrief

Neben dem Johannesevangelium sind uns drei johanneische Briefe überliefert. Der 1. Johannesbrief, dem die typischen Merkmale eines Briefes (s. o., Kapitel 3.2) fehlen, beginnt – ähnlich wie das Evangelium – mit einem Prolog (1,1–4), der das Motiv des Anfangs aufnimmt. Der 1Joh ist auch sonst sprachlich und theologisch dem Evangelium ähnlich. In 2,19 findet sich ein deutlicher Hinweis auf die schwierige Situation in den johanneischen Gemeinden: Menschen haben die Gemeinde verlassen. Warum? Offensichtlich gibt es einen Streit um die Frage, wer bzw. wie Jesus Christus ist. Was genau ist hier umstritten? In 2,22 heißt es dazu: „Wer ist der Lügner – wenn nicht der, der leugnet, dass Jesus der Christus ist?“ und 4,2 führt aus: „Jeder Geist, der bekennt, dass Jesus Christus im [oder: in das] Fleisch gekommen ist, ist aus Gott.“ Eine weitere Aussage zu diesem Thema findet sich in 5,6: „Dieser ist es, der durch Wasser und Blut gekommen ist: Jesus Christus.“ Die „Gegner“ sind also offensichtlich der Meinung, dass Jesus Christus nicht im [oder: in das] Fleisch gekommen ist. Zur Debatte steht also die Fleischwerdung Christi, die Inkarnation. Die gegnerische Position wird in der Forschung als „doketisch“ bezeichnet. *Dokeo* (griechisch) heißt „scheinen“. Die Gegner meinen also, Christus sei nur zum Schein Mensch geworden und habe also auch nur zum Schein am Kreuz bis zum Tod gelitten. Dahinter steht die Überzeugung, dass Gott nicht leiden könne. Dagegen betont der 1Joh, dass Gott *im Menschen Jesus* gegenwärtig ist.

Enstehungszeit 1. Johannesbrief

Umstritten ist, ob der 1Joh vor oder nach dem Johannesevangelium entstanden ist. Wenn man eine Entstehung vor dem Evangelium annimmt, ergibt sich für das Johannesevangelium ebenfalls eine antidoketische Stoßrichtung (vgl. v. a. Joh 1,14). Viele Exegeten halten den 1Joh jedoch für jünger als das Evangelium und nehmen an, dass sich die christologische Thematik vom Evangelium zum 1Joh hin verschiebt: Während es im Evangelium um eine jüdische Auseinandersetzung um die Frage geht, ob Jesus der Messias (Christus) sei, geht es im 1Joh um einen innerchristlichen Konflikt, nämlich um die Frage, ob Christus tatsächlich oder nur zum Schein Mensch geworden sei. Angesichts dieser Spannungen innerhalb der Gemeinde mahnt der Verfasser zur Bruderliebe: „Wenn jemand sagt: Ich liebe Gott!, aber seinen Bruder hasst, ist er ein Lügner. Denn wer seinen Bruder nicht liebt, den er sieht, kann Gott nicht lieben, den er nicht sieht. Und dieses Gebot haben wir von ihm: Wer Gott liebt, soll auch seinen Bruder lieben.“ (4,20f.)

2. und 3. Johannesbrief

Der 2. und der 3. Johannesbrief sind deutlich kürzer und weisen typische Merkmale eines Briefes auf (s. o., Kapitel 3.2).

Sie geben uns Einblick in die alltägliche Seite der Auseinandersetzung im johanneischen Kreis. Als Adressat ist in beiden Briefen „der Alte" angegeben.

2. Johannesbrief

Der 2. Johannesbrief spiegelt eine Gemeindesituation, die derjenigen aus dem 1Joh ähnlich ist. Die Gegner leugnen Jesus „als den im Fleisch Gekommenen" (V. 7). Allerdings scheinen diese Gegner die Gemeinde – im Unterschied zur Situation im 1Joh – noch nicht verlassen zu haben. Insofern könnte der 2Joh vor dem 1Joh abgefasst worden sein. „Der Alte" fordert die Gemeinde auf, an der Lehre Christi festzuhalten und jegliche Gemeinschaft mit den Gegnern abzubrechen. Man soll ihnen sogar den Gruß verwehren (V. 10).

3. Johannesbrief

Im 3. Johannesbrief widerfährt dem „Alten" dann genau das, was er anderen zugedacht hat: Seine Abgesandten sind von einem gewissen Diotrephes, der wohl Gemeindeleiter ist, abgewiesen worden. Beide Seiten – „der Alte" und Diotrephes – haben sich als rechtgläubige Vertreter des Christentums verstanden. Strukturell haben wir es mit einem Konflikt zwischen ortsansässigen Autoritäten (Diotrephes) und Wandermissionaren (dem „Alten" und seinen Abgesandten, die von Gaius aufgenommen werden) zu tun, der zunehmend zugunsten der Ortsautoritäten entschieden wurde. Theologisch setzte sich in diesem Fall jedoch die Position des „Alten" durch – also das Bekenntnis zu Jesus als dem „im Fleisch Gekommenen". Das zeigt schon die Tatsache, dass seine kurzen Briefe Eingang in den Kanon (s. u., Kapitel 9) gefunden haben. Das Christentum formuliert im Jahr 425 n. Chr. das Bekenntnis, dass Jesus Christus „wahrer Mensch und wahrer Gott" sei.

Impulse:

Impulse

1. Warum zählt das Johannesevangelium nicht zu den synoptischen Evangelien?
2. Inwiefern ist die johanneische Christologie eine „Gesandtenchristologie"?
3. Welche Bedeutung hat der Lieblingsjünger im Johannesevangelium?
4. Welche Konflikte spiegeln der 2. und der 3. Johannesbrief?

7. Die übrigen Briefe

Gruppierung der übrigen Briefe

Neben den echten paulinischen Briefen (s. o., Kapitel 3.2) enthält das Neue Testament weitere Briefe, die sich in folgende Gruppen einteilen lassen: die Gruppe der deuteropaulinischen (s. o., Kapitel 3) Briefe (Kolosserbrief, Epheserbrief, 1. und 2. Timotheusbrief, Titusbrief, 2. Thessalonicherbrief), die Gruppe der „katholischen" Briefe (Jakobusbrief, 1. und 2. Petrusbrief, Judasbrief, 1.–3. Johannesbrief – s. o., Kapitel 6), und den für sich stehenden Hebräerbrief.

Taufe im Kolosserbrief

Der Kolosserbrief gibt als Absender Paulus an (1,1). Wahrscheinlich wurde er jedoch nicht von Paulus selbst, sondern von einem Mitglied der Paulusschule (vielleicht Timotheus) kurz nach dem Tod des Paulus (um 70 n. Chr.?) verfasst. Denn es zeigen sich gegenüber den zweifelsfrei „echten" paulinischen Briefen (s. o., Kapitel 3.2) wesentliche Verschiebungen in der Theologie. Der Verfasser des Kolosserbriefes schreibt, dass die Glaubenden durch die Taufe mit Christus gestorben *und auferstanden* sind (2,12.13; 3,1). Das erinnert an Röm 6,3f., wo Paulus allerdings differenziert zwischen dem Mitsterben, das bereits stattgefunden hat, und dem Auferstehen, das für die Glaubenden noch in der Zukunft liegt. Paulus spricht – anders als der Verfasser des Kolosserbriefes – nie davon, dass die Glaubenden bereits auferstanden seien. Laut Kolosserbrief dagegen leben sie durch die Taufe bereits im allumfassenden, kosmischen Herrschaftsbereich Christi.

Gegner im Kolosserbrief

Diesen Herrschaftsbereich beschreibt der Kolosserbrief mit dem Bild des kosmischen Leibes, dessen Haupt Christus ist (Kol 1,18). Mit dieser Aussage über Christus wendet sich der Kolosserbrief gegen eine „Irrlehre". Die Gegner in der Gemeinde, gegen die sich der Verfasser wendet, waren offenbar der Meinung, dass Christus allein nicht ausreiche, um an der Heilsfülle teilzuhaben. Man müsse auch den „Mächten und Gewalten" dienen (vgl. 2,8.15.20). Sie forderten außerdem die Beschneidung auch von Heidenchristen sowie die Einhaltung asketischer Speisevorschriften und Festgebote (vgl. 2,11.16f.21f.23b).

Ermahnungen im Kolosserbrief

In einer Haustafel (s. o., Kapitel 2.6) fordert der Kolosserbrief die Unterordnung der Frauen unter ihre Männer, den Gehorsam der Kinder gegenüber ihren Eltern und den Gehorsam der Sklaven gegenüber ihren Herren (3,18–4,1). Die Ermahnung an die Sklaven ist dabei besonders ausführlich. Vielleicht will der Kolosserbrief an dieser Stelle den Philemonbrief (s. o., Kapitel 3.2.) etwas korrigieren. Dafür spricht, dass im Kolosserbrief viele Namen auftauchen, die uns auch im Philemonbrief begegnen (Timotheus, Archippus, Onesimus, Epaphras usw.). Die Leser sollen sich offenbar an diesen Brief erinnern. Vielleicht hatte der Philemonbrief bei Sklaven zu große Erwartungen geweckt, die der Kolosserbrief nun „korrigieren" will?

Kirche und Taufe im Epheserbrief

Der Epheserbrief stellt eine „Neufassung" des Kolosserbriefes dar. Schon aus dieser Beobachtung ergibt sich, dass der Verfasser nicht Paulus sein kann, sondern wiederum ein Mitglied der Paulusschule. Außerdem muss er später entstanden sein als der Kolosserbrief, vielleicht um 80 bis 90 n. Chr. Anders als der Kolosserbrief bekämpft der Epheserbrief keine gegnerische Lehre, sondern betont die Versöhnung von Juden- und Heidenchristen in Christus (2,11–22). Zentrale Elemente aus dem Kolosserbrief tauchen im Epheserbrief wieder auf. Die Kirche ist wiederum der „Leib Christi", Christus ist das Haupt dieses Leibes (1,22f.; 4,12.15f.; 5,22f.30). Die Rede von Christus im Epheserbrief ist durch ein räumliches Weltbild geprägt: Gott und Jesus Christus thronen über allem im himmlischen Bereich, in einem Zwischenraum herrschen Engel und dämonische Mächte und im unteren Bereich befindet sich die Menschen- und Totenwelt. Zugleich erfüllt Jesus Christus die gesamte Wirklichkeit. Ähnlich wie der Kolosserbrief davon spricht, dass die Glaubenden auch an der Auferstehung bereits teilhaben, heißt es im Epheserbrief, dass die Gemeinde durch die Taufe schon „mit auferweckt ist und eingesetzt im Himmel in Jesus Christus" (2,6).

Ehe im Epheserbrief

Ein deutlicher Unterschied zur paulinischen Lehre zeigt sich im Verständnis der Ehe: Während für Paulus zwischen ehelicher und religiöser Bindung eine Spannung bestand (vgl. 1Kor 7,32ff.), betrachtet der Epheserbrief die Ehe als ein Abbild des Verhältnisses Christi zu seiner Kirche (5,22–33). Der Mann übernimmt in der Ehe die Rolle des sich hingebenden Christus und bleibt darin der Überlegene, wie auch Christus „über" der Gemeinde thront (1,22f.).

Pastoralbriefe

Der 1. und 2. Timotheusbrief sowie der Titusbrief werden nach ihren (fiktiven) Adressaten benannt. Sie bilden die Gruppe der „Pastoral- oder Hirtenbriefe", weil sie den Gemeindeleitern Anweisungen zu ihrem Amt geben. Verfasst wurden die Pastoralbriefe wohl von einem uns unbekannten Mitglied der Paulusschule, wahrscheinlich um 100 n. Chr. Während bei Paulus alle Christen ein Charisma haben (vgl. 1Kor 12; 14), hat in den Pastoralbriefen nur der Gemeindeleiter ein Charisma (2Tim 1,6). Dieses Charisma wird dem Amtsträger durch Handauflegung vermittelt (1Tim 4,14; 2Tim 1,6). Frauen dürfen (in der Gemeinde) nicht lehren (1Tim 2,12). Dieses Verbot – das nach wie vor in der katholischen Kirche die biblische Grundlage dafür bildet, dass Frauen zum Priesteramt nicht zugelassen sind – wird mit der Schöpfungsordnung begründet: Adam wurde zuerst gemacht, und nicht er wurde verführt, sondern Eva (1Tim 2,13f.). Der 2. Timotheusbrief bekämpft Gegner, die behaupten, „die Auferstehung sei schon geschehen" (2Tim 2,18).

2. Thessalonicherbrief

Der 2. Thessalonicherbrief bekämpft eine Lehre, nach der „der Tag des Herrn schon da [oder: nahe] sei" (2,2). Er führt aus, was geschehen müsse, bevor der Tag des Herrn, also der Tag des Endgerichts und der allgemeinen Auferstehung, kommt (2,3–12). In der Forschung ist umstritten, ob sich diese Lehre mit derjenigen des 1. Thessalonicherbriefes (s. o., Kapitel 3.2), an den sich der 2. Thessalonicherbrief ansonsten eng anlehnt, vereinbaren lässt. Entsprechend unterschiedlich fallen die Urteile darüber aus, ob der 2. Thessalonicherbrief von Paulus stammt (so v. a. die angelsächsische Forschung) oder nicht, also deuteropaulinisch ist (so v. a. die deutschsprachige Forschung), bzw. zu welchem Zweck der Brief verfasst wurde (um den 1. Thessalonicherbrief zu ersetzen oder ihn zu ergänzen). Forscher, die den 2. Thessalonicherbrief Paulus zuordnen, sehen ihn in enger zeitlicher und räumlicher Nähe zum 1. Thessalonicherbrief. Wer den 2. Thessalonicherbrief für deuteropaulinisch hält, verortet ihn meist in großer zeitlicher und räumlicher Distanz zum 1. Thessalonicherbrief.

Entstehungssituation 1. Petrusbrief

Die „katholischen" Briefe richten sich nicht an bestimmte Empfänger, sondern an die ganze (= „katholische") Kirche. Der 1. Petrusbrief beruft sich auf den Apostel Petrus. Inhaltlich weist das Schreiben allerdings eher eine Verbindung zum paulinischen Traditionskreis auf: So werden beispielsweise Silvanus (1Petr 5,12; vgl. 1Thess 1,1; 2Kor 1,19; 2Thess 1,1) und Markus (1Petr 5,13; vgl. Phlm 24; Kol 4,10; 2Tim 4,11) genannt, die als Mitarbeiter des Paulus bekannt sind. Der 1. Petrusbrief erhebt damit für eine paulinisch gefärbte Theologie einen gesamtkirchlichen Anspruch, denn Petrus steht für das ganze Christentum. Der Brief ist nicht zu Lebzeiten des Petrus entstanden. V. a. die im Brief vorausgesetzte Situation verweist in die Zeit nach dem Tod des Petrus. „Leistet ihm [dem Teufel] Widerstand, fest im Glauben! Ihr wisst: All diese Leiden erleben auch eure Geschwister in der ganzen Welt." (5,9) Dieser Vers spiegelt eine Verfolgungssituation, wie sie erstmals unter Domitian (81–96 n. Chr.) für christliche Gemeinden in Kleinasien belegt ist. In 5,13 steht „Babylon" für Rom (vgl. Offb 17–18; s. u., Kapitel 8). Der 1. Petrusbrief erhebt damit den Anspruch, in Rom geschrieben worden zu sein, hat aber die Verhältnisse der kleinasiatischen Christen zur Zeit des Domitian im Blick.

Botschaft 1. Petrusbrief

Der Brief rückt damit in eine große zeitliche und örtliche Nähe zur Offenbarung des Johannes (s. u., Kapitel 8). Während aber der Seher Johannes seinen Adressaten rät, gegenüber der feindlichen römischen Staatsmacht eine Haltung des zumindest passiven Widerstandes einzunehmen (Offb 18,4; s. u., Kapitel 8), empfiehlt der Verfasser des 1. Petrusbriefes etwas ganz anderes: „Führt ein rechtschaffenes Leben unter den Heiden, damit sie, die euch jetzt als Übeltäter verleumden, durch eure guten Taten zur Einsicht kommen und Gott preisen, wenn der Tag der Prüfung kommt. Unterstellt euch den Ordnungen der

Welt um des Herrn willen: dem Kaiser, weil er über allen steht, den Statthaltern, weil sie von ihm entsandt sind, um die zu bestrafen, die Böses tun, und die auszuzeichnen, die Gutes tun." (1Petr 2,12–14; vgl. Röm 13,1–7). Die Christen sollen also die Heiden durch ihren (auch aus Sicht der Heiden!) vorbildlichen Lebenswandel beeindrucken. Sie sollen sich außerdem der staatlichen Macht unterordnen. Es ergibt sich damit eine Spannung zwischen dem Gefühl einer inneren (ethischen) Überlegenheit über die römische Umwelt einerseits und der Unterordnung unter ihre Diskriminierungen andererseits. Diese Spannung führt zu einer Theologie des Leidens. Das bewusst angenommene Leid der Christen dient als Appell an die Umwelt: „Dann werden die, die euch beschimpfen, weil ihr in Christus ein rechtschaffenes Leben führt, sich wegen ihrer Verleumdungen schämen müssen." (1Petr 3,16).

juden-christlicher Standort des Jakobusbriefes

Der Jakobusbrief erhebt den Anspruch, vom Bruder Jesu verfasst zu sein. Tatsächlich ist er deutlich später entstanden, zwischen 80 und 100 n. Chr. Der Jakobusbrief gibt als Absender Jakobus, den Bruder Jesu, an und als Adressaten „die zwölf Stämme, die in der Zerstreuung leben" (1,1). Diese Angaben haben Signalwirkung, denn durch die Erwähnung der 12 Stämme und die Wahl des Pseudonyms Jakobus soll betont werden, dass das Christentum in Kontinuität zu Israel steht. Der Name Jakobus steht im Urchristentum für eine bleibende Ausrichtung der Christen an der Thora (vgl. Gal 2,12f.; Apg 15,13–21; s. o., Kapitel 5). Im Zusammenhang mit dem antiochenischen Zwischenfall (Gal 2,11–21; s. o., Kapitel 3.1., 3.2., 3.3.) werden „Leute aus dem Kreis um Jakobus" genannt, die auf die Einhaltung der jüdischen Speisegebote durch Judenchristen pochen, Petrus damit verunsichern und den Zorn des Paulus hervorrufen. Im Galaterbrief hören wir zu diesem Konflikt nur die Stimme des Paulus, im Jakobusbrief begegnet uns die andere Perspektive. Allerdings dürfen wir wohl nicht annehmen, dass Jakobus tatsächlich der Verfasser des Jakobusbriefes ist. Der Brief ist wahrscheinlich erst nach dem Tod des Jakobus (62 n. Chr.) entstanden (zwischen 80 und 100 n. Chr.?), aber durch die Wahl dieses Namens verdeutlicht der Verfasser, in welche Tradition er sich stellt.

Glaube und Werke im Jakobusbrief

Die kritische Auseinandersetzung mit paulinischer Theologie ist besonders in 2,20–26 spürbar: „Willst du also einsehen, du unvernünftiger Mensch, dass der Glaube ohne Werke nutzlos ist? Wurde unser Vater Abraham nicht aufgrund seiner Werke als gerecht anerkannt? Denn er hat seinen Sohn Isaak als Opfer auf den Altar gelegt. Du siehst, dass bei ihm der Glaube und die Werke zusammenwirkten und dann erst durch die Werke der Glaube vollendet wurde. So hat sich das Wort der Schrift erfüllt: Abraham glaubte Gott, und das wurde ihm zur Gerechtigkeit angerechnet, und er wurde Freund Gottes genannt. Ihr seht, dass der Mensch aufgrund seiner Werke gerecht wird, nicht allein durch den Glauben. Wurde nicht ebenso auch die Hure Rahab durch ihre Werke als gerecht anerkannt, weil sie die Boten bei sich aufnahm und dann auf einem anderen Weg entkommen ließ? Denn wie der Körper ohne den Geist tot ist, so ist auch der Glaube tot ohne Werke." Diese Verse erinnern deutlich an die entgegengesetzte Argumentation des Paulus im Galaterbrief. Dort heißt es: „Denn wir wissen, dass der Mensch nicht durch Werke des Gesetzes gerecht wird, sondern durch den Glauben an Jesus Christus." (Gal 2,16; s. o., Kapitel 3.3, 3.4). Diese These erhärtet Paulus – wie der Verfasser des Jakobusbriefes – anhand der Abrahamstradition. Abraham ist für Paulus wichtig, weil er durch den Glauben an Gott – und nicht durch Werke des Gesetzes – gerecht wurde (Gal 3). Der Jakobusbrief hält dagegen: Abraham wurde nicht allein aus dem Glauben gerecht, sondern durch seine Werke, konkret: durch die Bereitschaft, Isaak zu opfern. Für den Verfasser des Jakobusbriefes gehören Glaube und Werke, also Taten, untrennbar zusammen. Das Gesetz ist ein Gottesgeschenk, das es vollständig zu erfüllen gilt (Jak 2,10). Sünde meint im Jakobusbrief nicht eine überindividuelle Unheilsmacht, die den Menschen betrügt (vgl. Röm 7,7ff.), sondern die Übertretung einzelner Gebote, also ein Handeln gegen Gott (Jak 2,9). Daher gibt es für den Jakobusbrief keinen Gegensatz zwischen Glauben und Werken bzw. Taten.

Judas- und 2. Petrusbrief

Der Judas- und der 2. Petrusbrief gehören eng zusammen: Der 2. Petrusbrief übernimmt fast vollständig den Judasbrief. Beide Briefe haben in unterschiedlicher Weise das Ziel, eine konkurrierende Lehre zu entkräften und ihre Gemeinden so zu sichern.

Schluss des Hebräerbriefes

Dem Hebräerbrief, der wohl zwischen 80 und 90 n. Chr. verfasst wurde, fehlt das Präskript (s. o., Kapitel 3.2). Weder Absender noch Adressaten werden benannt. Einige Hinweise gibt der Briefschluss (s. o., Kapitel 3.2). Er lässt vermuten, dass der Hebräerbrief in Italien, wahrscheinlich in Rom, entstanden ist. Der hier genannte Timotheus taucht ansonsten als engster Mitarbeiter des Paulus in der paulinischen Tradition auf (vgl. die beiden Timotheusbriefe). D. h. der Verfasser des Hebräerbriefes wollte seine Schrift im Umkreis paulinischer Theologie verstanden wissen. Die Theologie des Hebräerbriefes spricht allerdings eine ganz eigene, von Paulus unabhängige Sprache. Einige Exegeten vermuten daher, dass der Briefschluss später hinzugefügt wurde.

das wandernde Gottesvolk

Der Verfasser des Hebräerbriefes charakterisiert seine Adressaten als das „wandernde Gottesvolk". Sie haben ihre Heimat und ihr Bürgerrecht im Himmel (11,14.16). Die Gemeinde befindet sich auf einer Wanderschaft durch die Wüste des Lebens (3,7–19) und die Gefahren der Geschichte (11,1ff.). Das wandernde Volk muss gegen die Ermüdung ankämpfen, indem es an das Ziel, die himmlische Ruhe in der himmlischen Stadt, denkt (4,1.11). Glaube bedeutet im Hebräerbrief also das Verbleiben bei der Gemeinschaft des wandernden Volkes. Sünde meint das Zurückbleiben, das Ermüden, den Abfall vom Glauben. Hoffnung wird verstanden als der Ausblick auf das himmlische Ziel.

keine „zweite Chance"

Der Abfall vom Glauben beschäftigt den Verfasser besonders. Offensichtlich gab es unter den Adressaten einige, die zunächst an Jesus Christus geglaubt haben, sich dann distanzierten und nun doch wieder zu diesem Glauben zurückkehren wollen. Der Verfasser des Hebräerbriefes erörtert, ob solch eine „zweite Umkehr" möglich ist. Es geht also um die Frage, wie viele „Chancen" ein Christ bekommt. Die Position des Verfassers ist hier hart: „Denn es ist unmöglich, Menschen, die einmal erleuchtet worden sind, die von der himmlischen Gabe genossen und Anteil am heiligen Geist bekommen haben, die das gute Wort Gottes und die Kräfte der zukünftigen Welt kennengelernt haben, dann aber doch abgefallen sind, erneut zur Umkehr zu bringen; denn sie schlagen jetzt den Sohn Gottes noch einmal ans Kreuz und machen ihn zum Gespött." (6,4–6) Jeder Christ hat also nur *eine* „Chance". Warum? Wer den Glauben verleugnet, stellt – so der Verfasser des Hebräerbriefes – die Kraft der himmlischen Gaben in Frage. Es entsteht der Eindruck, dass diese Gaben nicht stark genug waren. Denn sie konnten offensichtlich nicht verhindern, dass der Christ wieder vom Glauben abfällt. Mehr noch: Die Heilstat Christi, sein Tod am Kreuz, war offenbar nicht stark genug, um den Abfall vom Glauben zu verhindern. Daher urteilt der Verfasser: Wer den Glauben an Christus zuerst annimmt, dann aber verleugnet, tritt den Sohn Gottes mit Füßen, er macht Christus zum Gespött. Daher darf dieser Abtrünnige nicht wieder zum Glauben zurückkehren. Wegen dieser Ablehnung einer zweiten Umkehr blieb der Hebräerbrief v. a. in der westlichen Kirche lange umstritten.

Christus und das Gesetz

Diese harte Haltung verdankt sich der Christologie des Hebräerbriefes. Wie Paulus (s. o., Kapitel 3.3) ist auch der Verfasser des Hebräerbriefes der Meinung, dass das Gesetz schwach und unfähig ist, es hat nicht die Kraft, die Menschen zu ihrer Bestimmung zu führen (7,18.19a; 10,1f.11). Paulus und der Verfasser des Hebräerbriefes sind sich weiterhin darin einig, dass nur durch Christus das Heil erfahren werden kann. In der Frage, wie dies geschieht, gehen Paulus und der Verfasser des Hebräerbriefes getrennte Wege.

Jesus als Hoherpriester

„Da nun die Kinder am irdischen Leben und an der Körperlichkeit teilhaben, nahm Jesus genauso daran teil, um durch seinen Tod den zu entmachten, der die Herrschaft über den Tod hat. Dieser ist der Teufel. Jesus nahm außerdem Anteil, um die zu befreien, die aus Angst vor dem Tod ihr Leben lang in Sklaverei waren … Darum musste er in allem seinen Brüdern gleich sein, um ein barmherziger und treuer Hoherpriester vor Gott zu sein und die Sünden des Volkes zu sühnen. Denn da er selbst gelitten hat und versucht wurde, kann er denen helfen, die in Versuchung geführt werden." (2,14–15.17–18) Der Verfasser des Hebräerbriefes stellt Christus als den treuen Hohepriester vor, der zur Rechten Gottes erhöht wurde. Nach mosaischer

Tradition ist der Hohepriester der einzige, der einmal im Jahr am großen Versöhnungstag das Allerheiligste des Tempels, also den Raum, in dem die Lade mit den Geboten aufbewahrt wurde, betreten darf. Dort bringt er für sich und das Volk ein Sühnopfer dar (Lev 16). Diese alttestamentliche Tradition greift der Verfasser des Hebräerbriefes auf und deutet sie um. Jesus kann die Menschen von ihren Sünden reinigen, weil er selbst litt und den Versuchungen der Sünde ausgeliefert war. Dabei aber – und das ist entscheidend – blieb Jesus ohne Sünde (4,15). Während also der alttestamentliche Hohepriester auch für seine eigenen Sünden opfern muss, vollbrachte Jesus als der himmlische Hohepriester mit seinem Tod am Kreuz das endgültige, wahre Opfer (9,11–28). Jesus ersetzt durch dieses einmalige Opfer den Opferkult des Jerusalemer Tempels und gibt ihm eine andere Bedeutung. Er stiftet am Kreuz den „noch besseren Bund" (7,20–22). Aus dieser Einmaligkeit und Größe des Opfers Jesu Christi ergibt sich die Mahnung, das Heilswerk nicht durch Abfall vom Glauben zu entwerten.

Impulse:

Impulse

1. Welche Erwartungen könnte der Philemonbrief bei Sklaven geweckt haben und was setzt der Kolosserbrief dagegen?
2. Stellen Sie das Weltbild des Epheserbriefes graphisch dar.
3. Kommentieren Sie das Eheverständnis des Epheserbriefes.
4. Wie lässt sich die Zulassung von Frauen zum Amt des Pastors in der evangelischen Kirche in Auseinandersetzung mit 1Tim 2,12 rechtfertigen?
5. Vergleichen Sie die Aussagen aus 2Thess 2,1–12 mit denjenigen aus 1Thess 4,13–5,11. Wie bewerten Sie das Verhältnis zwischen beiden Lehren über die endzeitlichen Ereignisse?
6. Entwerfen Sie einen fiktiven Dialog zwischen dem Verfasser des 1. Petrusbriefes und Johannes, dem Verfasser der Offenbarung. Diskutieren Sie die Situation der kleinasiatischen Gemeinden und die Frage, wie sich Christen angesichts dieser Situation verhalten sollten.

7. Inszenieren Sie ein Streitgespräch zwischen dem Verfasser des Jakobusbriefes und einem Christen, der sich auf die Theologie des Galaterbriefes beruft.
8. Jesus als Hoherpriester im Hebräerbrief – was zeichnet ihn aus, was macht ihn einmalig?

8. Die Offenbarung des Johannes

bekannte Motive

Die Offenbarung gilt als das „Buch mit sieben Siegeln" (vgl. 5,1–14). Damit ist umgangssprachlich gemeint, dass es rätselhaft und unverständlich ist. In landeskirchlichen Gottesdiensten werden nur selten Texte aus dem letzten Buch des Neuen Testaments verlesen. Dagegen spielt das Buch in einigen freikirchlichen und v. a. sektenähnlichen Richtungen des Christentums eine wichtige Rolle. Über das christliche Umfeld hinaus bekannt sind allenfalls ein paar Motive aus der Offenbarung, die in der bildenden Kunst und in (Katastrophen-)Filmen auftauchen: die apokalyptischen Reiter (6,1–8; Dürer), die geheimnisvolle Zahl 666 als Zeichen des Bösen (13,18), Harmagedon als Ort der letzten großen Schlacht zwischen Gott und den widergöttlichen Mächten (16,16), die „Hure Babylon" (18). Bekannt ist schließlich das vorletzte Kapitel der Offenbarung (21), wo vom neuen Himmel und der neuen Erde, von der heiligen Stadt, die aus dem Himmel herabkommt, die Rede ist.

Vision und Audition

Das griechische Wort für Offenbarung ist „Apokalypse". Wir verbinden mit Apokalypse Katastrophen, die zum Weltuntergang führen. Im jüdischen Raum bezeichnet Apokalypse jedoch in erster Linie eine literarische Gattung, die bestimmte Formelemente aufweist. Was macht die Offenbarung so rätselhaft? Es ist v. a. ihre bilderreiche Sprache, die uns z. T. fremd erscheint. Geschildert werden Visionen, also eine Art Traum, in dem der Visionär Bilder sieht, die eine göttliche Botschaft enthalten. Diese Visionen sind manchmal selbst für den Visionär schwer zu verstehen, sodass sie von einem sogenannten Deute-Engel erklärt werden. Visionen sind oftmals mit einer Entrückung des Sehers an einen (himmlischen) Ort verbunden, wo er die göttliche Offenbarung sieht oder hört (Audition).

Pseudonymität in jüdischen Apokalypsen

Jüdische Apokalypsen – z. B. das alttestamentliche Buch Daniel – zeichnen sich durch Pseudonymität aus, d. h. der Verfasser „borgt" sich den Namen eines bedeutenden Mannes aus der Vergangenheit, um seiner Schrift mehr Gewicht zu geben. Aus der Pseudonymität ergibt sich, dass die Verhältnisse, die für den echten Verfasser die Gegenwart bestimmen, für den fiktiven Verfasser in der Zukunft liegen. Dies wirft die Frage auf, warum die Schrift erst jetzt bekannt wird, obwohl sie doch – angeblich – schon vor vielen Jahren verfasst wurde. Deshalb findet sich in jüdischen Apokalypsen der Befehl, die göttliche Botschaft, die in dem Buch enthalten ist, zu versiegeln und erst zu einem späteren Zeitpunkt bekannt zu machen. So heißt es z. B. im Buch Daniel: „Und das Gesicht von den Abenden und Morgen, das geoffenbart worden ist, ist Wahrheit. Du aber verwahre das Gesicht; denn es geht auf eine ferne Zeit." (Dan 8,26).

Johannes

Gegenüber jüdischen Offenbarungen weist die christliche Offenbarung des Johannes einige Besonderheiten auf. Sie enthält ebenfalls Visionen und Auditionen, aber der Verfasser gibt keinen falschen Verfassernamen an, um die Autorität seiner Schrift zu steigern. Im Gegenteil: Johannes – der mit keinem anderen Johannes aus dem Neuen Testament identisch ist – scheint den sieben Gemeinden, an die er schreibt, persönlich bekannt zu sein (1,4). Er versteht sich als Prophet (1,1–3) und kennt sich sehr gut mit den Verhältnissen in den einzelnen Gemeinden aus (2–3; s. u.). Diese Detailkenntnis lässt darauf schließen, dass Johannes in den sieben Gemeinden umhergereist ist, bevor er auf die Insel Patmos kam, wo ihm die Visionen und Auditionen, von denen er erzählt, zuteil wurden (1,9f.). Die Insel liegt im Mittelmeer vor der Westküste Kleinasiens, der heutigen Türkei. Johannes gibt an, dass er „um des Wortes Gottes willen und des Zeugnisses von Jesus" auf der Insel Patmos war (1,9). Damit spielt er wahrscheinlich auf eine zeitweise Verbannung durch die Römer auf die kaum bevölkerte Insel an, denn wir hören öfter davon, dass das Festhalten am Wort Gottes zu Gewaltmaßnahmen an den Gläubigen führt (6,9; 20,4). Es handelt sich dabei wohl um eine *relegatio*, also eine zeitweise Verbannung, die Johannes eine gewisse Bewegungsfreiheit ließ.

Offenbarung als Brief

Die Tatsache, dass Johannes kein Pseudonym einer Person aus der Vergangenheit verwendet, führt zu weiteren Besonderheiten gegenüber jüdischen Apokalypsen. Johannes soll das Buch nicht versiegeln, sondern es geht im Gegenteil darum, es bekannt zu machen und seine Siegel zu öffnen (5,1–14). Auffällig ist auch, dass Johannes seiner Offenbarung eine briefliche Rahmung gibt (1,4–8). Das briefliche Präskript weist dabei die gleichen konstitutiven Elemente auf, die uns auch in paulinischen Präskripten begegnen: Absender, Adressaten, Friedens- und Segenswunsch (s. o., Kapitel 3.2). Warum kleidet Johannes seine Offenbarung in eine briefliche Form? Wahrscheinlich wollte er so sicherstellen, dass seine Schrift in den gottesdienstlichen Versammlungen vorgelesen wurde, wie es bei Briefen üblich war (vgl. 1Thess 5,27).

Aufbau der Offenbarung

Der Aufbau der Offenbarung ergibt sich zu einem wesentlichen Teil aus 1,19. Hier berichtet der Seher Johannes von dem göttlichen Auftrag, den er erhält: „Schreib auf, was du gesehen hast: was ist und was danach geschehen soll." Die Wendung „was du gesehen hast" bezieht sich auf die Vision, in der Johannes beauftragt wird, das, was er sieht, aufzuschreiben und an die sieben Gemeinden zu schicken (1,11). „Was ist" meint die Situation in den sieben angeschriebenen Gemeinden, wie sie aus den Sendschreiben (2–3) hervorgeht. „Was danach geschehen soll" weist voraus auf den apokalyptischen Hauptteil (4–22,5), in dem der Seher schildert, was bis zum (nahe bevorstehenden) Ende passieren wird.

Aufbau des apokalyptischen Haupteils

Der Aufbau des apokalyptischen Hauptteils ist kompliziert. Ein eindeutiges Gliederungssignal ist aber durch die drei Siebener-Reihen gegeben: 7 Siegel (6,1–8,1), 7 Posaunen (8,5–11,19), 7 Schalen (16,1–21). Durch das Öffnen der Siegel, das Ertönen der Posaunen und das Ausgießen der Schalen werden jeweils Katastrophen ausgelöst, die einen Teil der Erde vernichten. Die einzelnen Siebener-Ketten sind dabei so miteinander verknüpft, dass die Öffnung des siebten Siegels zum Ertönen der sieben Posaunen führt (8,1) und das Ertönen der siebten Posaune die Ausgießung der sieben Schalen veranlasst (11,14). Am Ende jeder Siebener-Reihe konstatiert der Seher den Grad der Vernichtung auf der Erde: Das sechste Siegel führt zu einem Erdbeben, „die Könige der Erde, die Großen und die Heerführer, die Reichen und die Mächtigen, alle Sklaven und alle Freien verbargen sich in den Höhlen und Felsen der Berge“ (6,15). Die sechste Posaune führt dazu, dass ein Drittel der Menschen durch Plagen getötet wird (9,18). Das Ausgießen der siebten Schale hingegen betrifft die gesamte Menschheit, das Erdbeben übertrifft alles vorher Dagewesene. Das heißt: Die Siebener-Reihen kommen jeweils zu einem gewissen Abschluss, aber sie steigern sich auch. Der Seher nimmt gleichsam drei Anläufe, um schließlich zum großen Finale zu kommen: dem Endkampf, dem Endgericht und der endgültigen Durchsetzung der Wirklichkeit Gottes (19,1–22,5). In diesem Aufbau steckt eine theologische Aussage: Das Ende ist zwar nah, aber derzeit ist das Böse noch übermächtig, es muss also noch viel passieren, bis es tatsächlich zur Vernichtung des Bösen durch die göttlichen Kräfte kommt. Dass es zu dieser Durchsetzung kommt, steht dabei außer Frage.

Sendschreiben

Die Sendschreiben an die sieben Gemeinden in Kleinasien (Kap. 2–3) weisen einige stereotyp wiederholte Rahmenelemente auf. Die Sendschreiben beginnen mit dem Schreibbefehl: „Dem Engel der Gemeinde in … schreibe!“ Dass die Sendschreiben an Gemeinde-Engel – und nicht z. B. an die jeweiligen Leiter der Gemeinden – gerichtet sind, ist auffällig. Einige Exegeten sind der Meinung, dass die Gemeinde-Engel die irdischen Leiter der Gemeinden darstellen. Andere denken, dass die Gemeinde-Engel die himmlischen Doppelgänger der irdischen Gemeinden repräsentieren. Das Judentum kennt eine solche Tradition himmlischer Doppelgänger. Der Seher richtet sich vielleicht an diese Doppelgänger, um die irdischen Gemeindeleiter (deren Autorität er vielleicht nicht voll anerkennt) zu umgehen. Stereotyp taucht dann eine Botenformel „dies sagt der …“ auf. Sprecher ist jeweils Christus, der aber unterschiedlich beschrieben wird. Die Botenformel begegnet v. a. in der alttestamentlichen Prophetie. Der Prophet autorisiert seine Botschaft damit als Wort eines göttlichen Auftraggebers. Es folgt ein „Ich kenne …“, womit der Seher die Beschreibung der jeweiligen Gemeindesituation einleitet. Am Schluss jedes Sendschreibens erfolgt ein Weckruf

(„Wer ein Ohr hat, höre, was der Geist den Gemeinden sagt!“) und ein Überwinderspruch („Wer überwindet“ mit einer Zusage für die Endzeit), mit dem Johannes zum Durchhalten in der gegenwärtigen Kampfsituation aufruft.

Dualismus

Damit sind wir bei einem zentralen theologischen Grundgedanken der Offenbarung. Johannes denkt in dualistischen Strukturen, also in scharfen Gegensätzen: Es gibt nur gut und böse, keine Zwischenstufen. Die gegenwärtige Welt ist so böse, dass sie vernichtet und durch einen neuen Himmel und eine neue Erde ersetzt werden muss (21,1). In diesem Prozess der Durchsetzung der göttlichen Wirklichkeit ist das Wesentliche bereits geschehen: Der himmlische Christus, der in der Offenbarung u. a. als das geschlachtete Lamm auftritt, hat das Buch, in dem die Geschehnisse bis zum Ende aufgezeichnet sind, genommen und begonnen, die Siegel zu öffnen (5,1–14). Dadurch sind die Ereignisse bis zum Ende in Gang gesetzt. Der positive Ausgang dieser Ereignisse steht – entgegen allem Anschein – fest. Denn der Drache, der Teufel und Satan, ist im Himmel bereits besiegt (12,7–9). Er führt auf der Erde nur noch ein Nachspiel. Im Himmel ist bereits verwirklicht, was auf der Erde noch aussteht. Die Entscheidung ist also bereits gefallen, ihre Wirkung muss sich nur erst entfalten.

Aufforderung zur Standhaftigkeit

Die Katastrophen, die die Offenbarung für die Zukunft in Aussicht stellt, deutet der Seher als göttliche Gerichtsakte an den Gottlosen. Damit wird es den Gottlosen zukünftig mindestens so schlecht ergehen, wie es derzeit denen ergeht, die am Wort Gottes festhalten. Es kommt für die Gläubigen also darauf an, sich von den gegenwärtigen Kräfteverhältnissen, durch die sie in Bedrängnis geraten, nicht beirren zu lassen und an ihrer Überzeugung festzuhalten. Immer wieder ruft Johannes zur Standhaftigkeit, zum Festhalten am Wort Gottes trotz der damit verbundenen Gefahren, auf (6,11). Deutlich wird das u. a. in den sogenannten „Überwindersprüchen“ aus den Sendschreiben (s. u.).

Hure Babylon

Standhaftigkeit, also das Festhalten am Wort Gottes, ist für Johannes zwingend mit einer strikten Abgrenzung gegenüber der antiken, römischen Umwelt verbunden. In Kapitel 18 schildert der Seher den Untergang Babylons. Der Name spielt auf das

Exil an (586–536 v. Chr.), als der Babylonische Herrscher Nebukadnezzar Jerusalem eroberte, den Tempel zerstörte und die Jerusalemer Oberschicht nach Babylon deportieren ließ. Babylon ist der Inbegriff des Bösen. In Offb 17 und 18 verbirgt sich hinter Babylon die römische Weltmacht. Sie wird dargestellt als eine Hure, die sich an dem Blut der christlichen Märtyrer labt (17,6). Die Könige der Erde und die Kaufleute lassen sich auf diese Hure ein, sie sind „durch die Fülle ihres Wohlstands reich geworden" (18,3). Der Seher zählt dann Luxusgüter auf, durch deren Handel Rom und seine Kaufleute reich wurden (18,12–13). Dieser ganzen Pracht sagt Johannes den Untergang voraus (18,10). Deshalb fordert der Seher von seinen Adressaten: „Zieht fort aus ihr, mein Volk, damit ihr nicht teilhabt an ihren Sünden und dass ihr nicht empfangt von ihren Plagen!" (18,4).

römischer Kaiserkult

Wie kommt Johannes zu dieser radikalen Ablehnung Roms? Im Hintergrund steht der römische Kaiserkult, der in Kleinasien im ersten Jahrhundert gepflegt wurde. Unter Kaiserkult versteht man die Verehrung eines Herrschers als Gott. Anfangs konnten in Rom nur verstorbene Kaiser durch Senatsbeschluss nachträglich vergöttlicht werden. Die Vergöttlichung noch lebender Kaiser begann mit Caligula (37–41 n. Chr.) und Domitian (81–96 n. Chr.). Domitian ließ sich als „Herr und Gott" verehren. Bilder aus Marmor, Gold und Silber wurden für ihn aufgestellt. In Ephesus, wo sich eine der von Johannes angeschriebenen Gemeinden befindet, stand im römischen Tempel eine überlebensgroße Statue von Domitian. Die Bürger Roms waren aufgefordert, als Zeichen ihrer Loyalität gegenüber dem römischen Kaiser vor solchen Bildern und Statuen Opfer darzubringen. Die Abfassung der Offenbarung fällt wahrscheinlich in die (spätere) Regierungszeit Domitians und ist vor diesem zeitgeschichtlichen Hintergrund zu lesen.

Gerichtsverfahren gegen Christen

Für Juden und Christen war die Erhebung eines Menschen zur Gottheit unvereinbar mit ihrer eigenen, monotheistischen Gottesauffassung. Sie mussten daher den Kaiserkult ablehnen. Das konnte von römischer Seite als Zeichen mangelnder Loyalität gegenüber dem Staat gedeutet werden. Dennoch waren die Juden offiziell vom Kaiserkult ausgenommen. Die Christen hingegen verloren während der Regierungszeit Domitians diesen Schutz in dem Maß, in dem sie sich vom Judentum trennten und von Rom als eine eigene Gruppierung wahrgenommen wurden. Aus einem Brief des römischen Statthalters in Bithynien, Plinius dem Jüngeren (um 110 n. Chr.), wissen wir, dass es zu seiner Zeit Gerichtsverfahren gegen Christen gab, sofern diese den römischen Behörden angezeigt wurden. Zur Verurteilung reichte es, Christ zu sein. Die Angeklagten hatten die Möglichkeit zu zeigen, dass sie nicht (mehr) Christen seien, indem sie vor dem Bild des Kaisers opferten und Christus verfluchten. Taten sie dies, waren sie frei, weigerten sie sich, wurden sie hingerichtet. Plinius beruft sich hierbei offensichtlich auf eine ältere Praxis, die uns in die Abfassungszeit der Offenbarung führt.

Schicksal des Antipas

Aus diesen Angaben dürfen wir nicht schließen, dass es zur Zeit des Johannes eine flächendeckende Verfolgung der Christen gab und viele hingerichtet wurden. Es fällt nämlich auf, dass in anderen christlichen Schriften aus dieser Zeit eine solche Gefahr höchstens in Ansätzen anklingt (z. B. der erste Petrusbrief). Das spricht zum einen dafür, dass es sich um eine Bedrohungslage handelt, die regional unterschiedlich stark ausgeprägt war, zum anderen dafür, dass die Gefahrenlage subjektiv unterschiedlich eingeschätzt wurde. In dem Sendschreiben nach Pergamon ist von genau einem Zeugen die Rede, der aufgrund seines Bekenntnisses hingerichtet wurde: Antipas (2,13). Vielleicht hatte Antipas das Opfer vor der Kaiserstatue verweigert. Christen waren also in Gebieten, wo der Kaiserkult stark war, durchaus gefährdet. Und doch scheint es sich bei Antipas um einen Einzelfall zu handeln.

harter und weicher Kaiserkult

Die radikale Aufforderung des Sehers („Zieht fort aus ihr…“) meint wohl mehr als nur die Mahnung, im Falle einer Anzeige das Opfer vor der Kaiserstatue zu verweigern. Hier ist zwischen dem sogenannten harten und dem weichen Kaiserkult zu differenzieren. Der harte Kaiserkult meint das Opfer vor dem Standbild des Kaisers. Der weiche Kaiserkult hingegen reichte in den Alltag der Christen hinein – etwa, wenn jemand aus beruflichen bzw. gesellschaftlichen Gründen in einer Festmenge mitlief oder an einem geselligen Vereinsmahl mit religiösen Obertönen teilnahm. Die Verehrung des Kaisers schwang hier immer mit, außerdem konnten die Christen bei solchen Gelegenheiten nie sicher sein, ob das Fleisch, das zu diesen Gelegenheiten angeboten wurde, nicht Götzenopferfleisch (s. o., Kapitel 3.2) war. Die Aufforderung des Sehers, aus Rom „auszuziehen“, beinhaltet also einen radikalen Bruch mit dem gesellschaftlichen Leben. Damit aber liefen Christen eher Gefahr, aufzufallen und angezeigt zu werden.

Impulse:

Impulse

1. Ist die Offenbarung des Johannes ein Buch des Schreckens und/oder ein Buch des Trostes?
2. Ist sie Apokalypse und/oder Brief?
3. Diskutieren Sie die Rolle von Christus.
4. „Passt“ das Buch ins Neue Testament?

9. Der neutestamentliche Kanon entsteht: Was soll „verbindlich“ gelten?

Kanonisierungsformel

„Kanon“ bedeutet Richtschnur. Die Bibel als Kanon soll Richtschnur des jüdisch-christlichen Glaubens sein. Wie aber ist das zu verstehen? Bestimmte Texte „gehören dazu“, andere nicht. An dieser vorgegebenen Begrenzung darf nichts geändert werden. Drastisch zeigt das die sogenannte „Kanonisierungsformel“: „Ich bezeuge jedem, der die prophetischen Worte dieses Buches hört: Wer etwas hinzufügt, dem wird Gott die Plagen zufügen, von denen in diesem Buch geschrieben steht. Und wer etwas wegnimmt von den prophetischen Worten dieses Buches, dem wird Gott seinen Anteil am Baum des Lebens und an der heiligen Stadt wegnehmen, von denen in diesem Buch geschrieben steht.“ (Offb 22,18f.). Diese Formel steht am Ende des Neuen Testaments und damit am Ende der gesamten christlichen Bibel, sie gilt insofern nicht nur für die Offenbarung des Johannes, sondern für die gesamte Bibel der Christen.

Kanonisierung als Prozess

Diese Begrenzung der christlichen Bibel ist historisch gesehen nicht „vom Himmel gefallen“, sondern das Ergebnis eines längeren „Aushandlungsprozesses“. Für die ersten Christen bestand „die (heilige) Schrift“ aus den Büchern unseres Alten Testaments. Kanonischen Status erlangten die neutestamentlichen Schriften erst allmählich. Kriterium für die Zugehörigkeit zum Kanon war ihr apostolischer Ursprung und die Übereinstimmung mit den wichtigsten christlichen Überzeugungen.

Markion

Einen wesentlichen Anstoß zur Klärung der Frage, welche Schriften zu dem urchristlichen Kanon gehören sollten und welche nicht, gab Markion, der um 140 n. Chr. in Rom wirkte. Markion unterschied zwischen dem Gott der Gerechtigkeit, wie er im Alten Testament bezeugt sei, und dem christlichen Gott der

Liebe. Markion war daher der Ansicht, dass das Alte Testament für die Christen keinen kanonischen Status haben könne. Der Kanon musste also ersetzt werden, und zwar durch Texte, die den christlichen Gott der Liebe bezeugten. Markion entschied sich für das Lukasevangelium (s. o., Kapitel 4.3) und 10 Paulusbriefe (s. o., Kapitel 3.2; ohne die Pastoralbriefe, s. o., Kapitel 7). Außerdem „reinigte“ Markion diese Texte von allem, was ihm „unchristlich“ erschien.

Abgrenzung von Markion

Die Mehrheit der Christen folgte Markion an diesem Punkt nicht. Er galt bald als Ketzer und gründete eine eigene Kirche. Um sich klar von Markion abgrenzen zu können, musste geklärt werden, was denn nun „tatsächlich“ zum christlichen Kanon gehören sollte: Während Markion das Alte Testament ablehnte, behielt die Kirche es als kanonisch bei. Während Markion sich nur auf einen Apostel berief (Paulus), nahm die Kirche die Schriften mehrerer Apostel in den Kanon auf (vgl. die katholischen Briefe, s. o., Kapitel 7). Während Markion nur ein Evangelium als kanonisch ansah, erlangten in der Kirche vier Evangelien kanonischen Status. Kurz: Während Markion einen inhaltlich einheitlichen Kanon schuf, bekannte sich die Kirche zu einer gewissen Pluralität.

Kategorien des Euseb

Die Kanonbildung verlief über mehrere Jahrhunderte. Einige Schriften waren noch im 4. Jahrhundert n. Chr. umstritten. Der Kirchengeschichtsschreiber Euseb unterscheidet in dieser Zeit drei Kategorien von Schriften: 1. Die Homologoumena, d. h. die allgemein anerkannten Schriften (die vier Evangelien, die Apostelgeschichte, 14 Paulusbriefe – einschließlich des Hebräerbriefes – den 1. Petrusbrief und den 1. Johannesbrief sowie die Apokalypse des Johannes). 2. Die Antilegomena, d. h. umstrittene Schriften (Jakobusbrief, Judasbrief, 2. Petrusbrief, 2. und 3. Johannesbrief). 3. Die Notha, d. h. die falschen Bücher (hier nennt Euseb neben anderen Schriften, die nicht in das Neue Testament aufgenommen wurden, nochmals die Offenbarung des Johannes).

Apokryphen

Zwischen der katholischen und den protestantischen Kirchen gibt es bis heute im Blick auf den Umfang des Kanons Unterschiede: Während die katholische Kirche die sogenannten alttestamentlichen Apokryphen (wörtlich: „verborgene“ Schriften) als kanonisch anerkennt, sprach Martin Luther diesen Schriften den kanonischen Status ab, weil sie ursprünglich nicht – wie die übrigen Schriften des Alten Testaments – auf Hebräisch, sondern auf Griechisch verfasst wurden. Dies gilt u. a. für das Buch der Weisheit, Jesus Sirach, 1. und 2. Buch der Makkabäer.

Einheit und Vielfalt

Schon öfter war bereits vom „kanonischen Status“ bestimmter Schriften die Rede. Was aber bedeutet das? Diese Frage ist auch unter Theologen umstritten. Sollen Christen alles „glauben“, was in der Bibel steht? – Und was heißt dann „glauben“ („für wahr halten?“ oder: „darauf vertrauen“?)? Oder „reicht“ es, wenn Christen sich (auch kritisch) mit den Schriften der Bibel auseinandersetzen? Wie kann überhaupt ein Buch, das aus vielen unterschiedlichen Büchern besteht, die ihre je eigene Rede von Gott entfalten, „Richtschnur“ des Glaubens sein? Sowohl die Exegese als auch die systematische Theologie bedenkt diese Fragen unter dem Stichwort der „Einheit und Vielfalt“ des Kanon. Die Bibel bildet – so der Anspruch – eine Einheit, sie bezeugt den *einen* Gott der Juden und Christen. Aber die Bibel besteht aus vielen Büchern, die je auf ihre eigene Art und Weise von diesem Gott sprechen.

Pseudepigrafie und Kanon

Es stellt sich noch eine weitere Frage zum christlichen Kanon: Die historisch-kritische Forschung hat gezeigt, dass eine ganze Reihe neutestamentlicher Schriften falsche Angaben zu ihren Verfassern machen: Sie geben an, von einem Apostel verfasst zu sein, sind dies aber nach dem Stand der wissenschaftlichen Forschung nicht (z. B. das Johannesevangelium, die katholischen Briefe s. o., Kapitel 7; die deuteropaulinischen Briefe s. o., Kapitel 7). Das heißt: Diese Schriften sind unter falschen Voraussetzungen in den Kanon aufgenommen worden. Müssten diese Schriften nicht jetzt, da man weiß, dass sie nicht von Aposteln verfasst wurden, aus dem Kanon gestrichen werden? Es gibt tatsächlich Christen, die diese Meinung vertreten. Andere Christen verweisen darauf, dass die Schriften meist in der Tradition derjenigen Person stehen, die sie als Verfasser angeben.

Bewertung der Pseudepigrafie

Unter den Exegeten ist umstritten, wie das Phänomen der Pseudepigrafie, also der falschen Verfasserangaben, in der Zeit des Neuen Testaments zu bewerten ist. Einige Wissenschaftler verweisen darauf, dass es in der damaligen Zeit kein „copyright“ gab und sich die jeweiligen Autoren „nur“ einer bestimmten Tradition zuordnen wollten, ohne jedoch „falsche“ Autorität für sich zu beanspruchen. Andere Exegeten bewerten die Pseudepigrafie kritischer. Sie machen geltend, dass die falschen Verfasserangaben wenigstens an einigen Stellen bewusst eingesetzt werden, um bestimmte Aussagen – z. B. von Paulus – zu widerrufen. So steht die folgende Aussage von „Paulus“ aus dem 1. Timotheusbrief in direktem Widerspruch zu seiner kritischen Bewertung der Ehe in 1Kor 7,32ff.: „Deshalb will ich, dass jüngere Witwen heiraten, Kinder zur Welt bringen, den Haushalt versorgen und dem Gegner keinen Anlass zur üblen Nachrede geben.“ (5,14).

Müssten wir diese Schriften dann nicht tatsächlich aus dem Kanon streichen? Zu bedenken ist hier zweierlei: Erstens behielten wir auch nach einer historisch-kritischen „Reinigung“ des Kanon einige aus unserer Sicht anstößige Texte – z. B. die Verurteilung von Homosexualität durch Paulus in Röm 1,26–27. Zweitens kommen wir mit dem Phänomen der Kanonbildung an die Grenzen der historisch-kritischen Methode: Zwar können wir verfolgen, wie dieser Prozess ablief, aber die Beurteilung, ob das „Ergebnis“, also der christliche Kanon, „wahr“ ist, entzieht sich dem historisch-kritischen Zugriff und fällt letztlich in den Bereich des Glaubens, der hier den „Geist“ am Werk sieht oder eben nicht (s. o., Kapitel 2.1).

Impuls:

Impuls Was bedeutet es für Sie, die christliche Bibel als „kanonisch“ anzuerkennen?

10. Arbeits- und Hilfsmittel zur Erschließung des Neuen Testaments

Allgemein:

Die Apostolischen Väter. Griechisch-deutsche Parallelausgabe, Tübingen 1992
Erschwingliche Ausgabe urchristlicher Schriften, die keine Aufnahme in das Neue Testament fanden, u. a. der Ignatius-Briefe und der Didache

Böttrich, Christoph: Themen des Neuen Testaments in der Grundschule. Ein Arbeitsbuch für Religionslehrerinnen und Religionslehrer, Stuttgart 2001
Allgemein verständliche, exegetische Erläuterungen zu Themen des Neuen Testaments, die in vielen Lehrplänen für die Grundschule vorkommen

Bormann, Lukas: Theologie kompakt – Neues Testament, Stuttgart 2003
Eine knappe, allgemein verständliche Einführung in die Schriften des Neuen Testaments sowie der neutestamentlichen Zeitgeschichte mit knappen Überlegungen zur Relevanz dieser Kenntnisse für Lehramtsstudierende

Bull, Klaus-Michael: Bibelkunde des Neuen Testaments. Die kanonischen Schriften und die Apostolischen Väter. Überblicke, Themakapitel, Glossar, Neukirchen-Vluyn ^{3}2004
Interessant ist insbesondere das Kapitel zu den Apostolischen Vätern

Conzelmann, Hans / Andreas Lindemann: Arbeitsbuch zum Neuen Testament, Tübingen ^{14}2004
Eine klassische Einführung in das Neue Testament

Schnelle, Udo: Theologie des Neuen Testaments, Göttingen 2007
Eine umfassende und recht detaillierte Darstellung der Theologien aller Einzelschriften des Neuen Testaments

Theißen, Gerd: Das Neue Testament, München 2002
Ein knapper Aufriss zur Entstehung der unterschiedlichen Schriften des Neuen Testaments

zu 2. Fragen der neutestamentlichen Wissenschaft an die biblischen Texte

Egger, Wilhelm: Methodenlehre zum Neuen Testament. Einführung in linguistische und historisch-kritische Methoden, Freiburg 1987
Eine gute Zusammenschau

Schnelle, Udo: Einführung in die neutestamentliche Exegese, UTB 1253, Göttingen ^{7}2008
V. a. an der „klassischen" historisch-kritischen Methode ausgerichtet, mit praktischen Beispielen und Aufgaben

Söding, Thomas / Christian Münch: Kleine Methodenlehre zum Neuen Testament, Freiburg 2005
Eine knappe Einführung in die historisch-kritische Exegese

2.1 Der Ansatz: Was setzt die neutestamentliche Forschung (implizit) voraus?

Hailer, Martin: Was ist eigentlich „Inspiration"?, in: Dietrich Ritschl / ders.: Grundkurs Christliche Theologie. Diesseits und jenseits der Worte, Neukirchen-Vluyn ^{2}2008, S. 217–219
Knappe, theologisch interessante Überlegungen zur „Inspiration"

Körtner, Ulrich: Der inspirierte Leser. Zentrale Aspekte biblischer Hermeneutik, Göttingen 1994
Theologisch interessante Überlegungen zur „Inspiration"

2.2. Wie werden neutestamentliche Texte übersetzt?

Bail, Ulrike u. a. (Hg.): Bibel in gerechter Sprache, Einleitung, Gütersloh ^{2}2006, S. 9–26
Knappe Einführung in die Prämissen einer sehr umstrittenen, aktuellen Bibelübersetzung.

Berger, Klaus / Christiane Nord: Das Neue Testament und frühchristliche Schriften, Frankfurt a. M. 1999, S. 17–32
Interessante Vorüberlegungen zur dargebotenen Übersetzung aus übersetzungswissenschaftlicher Perspektive

Das Neue Testament: Interlinear-Übersetzung griechisch-deutsch, Holzgerlingen 2003
Der Text des Griechischen Neuen Testaments wird hier abgedruckt und Wort für Wort in der darunterlaufenden Zeile ins Deutsche übersetzt.

2.3 Wie ist der neutestamentliche Text in alten Handschriften überliefert?

Aland, Kurt und Barbara: Der Text des Neuen Testaments. Einführung in die wissenschaftlichen Ausgaben und in Theorie wie Praxis der modernen Textkritik ^{2}1989, S. 13–190
Nur für Leser mit Griechisch-Kenntnissen

Conzelmann, Hans / Andreas Lindemann: Arbeitsbuch zum Neuen Testament, UTB 52, Göttingen [14]2004, S. 26–36
Eine knappe Einführung in die Textkritik, weitgehend auch für Leser ohne Griechischkenntnisse

2.4 Was geht dem abgegrenzten Text voraus, was folgt ihm?

s. zu 2.5

2.5 Wie ist der Text sprachlich gestaltet?

Berg, Horst Klaus: Linguistische Auslegung, in: Ein Wort wie Feuer. Wege lebendiger Bibelauslegung, Stuttgart 1991, S. 119–138
Eine Einführung mit zwei Beispielen und kritischen Anmerkungen

Egger, Wilhelm: Methodenlehre zum Neuen Testament. Einführung in linguistische und historisch-kritische Methoden, 1987 (s. o. zu 2.)

2.6 Welche typischen Merkmale weisen einzelne neutestamentliche Texte auf?

Conzelmann, Hans / Andreas Lindemann: Arbeitsbuch zum Neuen Testament, UTB 52, Göttingen [14]2004, S. 37–46
Knappe Einführung in die Gattungen Evangelium, Brief, Historische Monografie und Apokalypse

Heiligenthal, Roman: Das Neue Testament, in: ders./ Thomas M. Schneider (Hgg.): Einführung in das Studium der Evangelischen Theologie. Überarbeitete Neuausgabe, Stuttgart 2004, S. 129–140
Einführung in die Formkritik unter besonderer Berücksichtigung der Gleichnisse, Wundergeschichten und Streitgespräche

Müller, Peter u. a.: Die Gleichnisse Jesu. Ein Studien- und Arbeitsbuch für den Unterricht, Stuttgart 2002
Eine gut verständliche exegetische und didaktische Einführung in die neutestamentlichen Gleichnisse

Theißen, Gerd: Urchristliche Wundergeschichten. Ein Beitrag zur formgeschichtlichen Erforschung der synoptischen Evangelien, Gütersloh [7]1998
Der „klassische“ Beitrag zur Formkritik der Wundergeschichten

2.7 Welche schriftlichen Quellen sind in einem neutestamentlichen Text verarbeitet?

Conzelmann, Hans / Andreas Lindemann: Arbeitsbuch zum Neuen Testament, UTB 52, Göttingen [14]2004, S. 66–84 und 127–132
Knappe Einführung in die Literarkritik innerhalb und außerhalb der synoptischen Evangelien

Ennulat, Andreas: Die „Minor Agreements“. Untersuchungen zu einer offenen Frage des synoptischen Problems, WUNT II/62, Göttingen 1994

Eine detaillierte, fachwissenschaftliche Untersuchung zu den „minor agreements“ für Leser mit Griechischkenntnissen

Theißen, Gerd: Lokalkolorit und Zeitgeschichte in den Evangelien, Fribourg/Göttingen 1989, S. 212–245
Theißen zeigt hier die auf Palästina fixierte Perspektive der Logienquelle auf.

2.8 Welche Traditionen spiegeln sich in einzelnen neutestamentlichen Texten?

Barthel, Jörg: Art. Überlieferung, Überlieferungsgeschichte, Calwer Bibel Lexikon, 2. Bd., Stuttgart 2003, S. 1383–1384
Knappe Ausführungen zum Verhältnis von Überlieferungskritik und Traditionskritik

Conzelmann, Hans / Andreas Lindemann: Arbeitsbuch zum Neuen Testament, UTB 52, Göttingen [14]2004, S. 87–114
Einführung in die Traditionskritik mit einem Anhang zum Problem der Tradition in der Apostelgeschichte

2.9 Wie haben die Verfasser den neutestamentlichen Text gestaltet?

Barthel, Jörg: Art. Redaktionsgeschichte, Redaktionskritik, Calwer Bibel Lexikon, 2. Bd., Stuttgart 2003, S. 1120–1121
Knappe Ausführungen zum Verhältnis von Redaktionskritik und Literarkritik

Heiligenthal, Roman: Das Neue Testament, in: ders. / Thomas M. Schneider (Hgg.): Einführung in das Studium der Evangelischen Theologie. Überarbeitete Neuausgabe, Stuttgart 2004, S. 128f.
Eine knappe Einführung in die Redaktionsgeschichte mit Tipps zum Weiterarbeiten

2.10 Was verrät ein Text über den Verfasser und die Gemeinde, in der er entstanden ist oder an die er sich richtet?

Schnelle, Udo: Einleitung in das Neue Testament, Göttingen [6]2007
Behandelt die Entstehungsverhältnisse der neutestamentlichen Schriften

2.11 Was verrät ein Text über die sozialen, politischen und religiösen Verhältnisse, in denen er entstanden ist?

Berger, Klaus / Carsten Colpe: Religionsgeschichtliches Textbuch zum Neuen Testament, NTD Textreihe Band 1, Göttingen 1987
Eine gut zugängliche Sammlung religionsgeschichtlich interessanter Texte

Stegemann, Ekkhard W. / Wolfgang Stegemann: Urchristliche Sozialgeschichte. Die Anfänge im Judentum und die Christusgemeinden in der mediterranen Welt, Stuttgart 1995

Eine gut verständliche sozialgeschichtlich ausgerichtete Darstellung

Vouga, Francois: Geschichte des frühen Christentums, UTB 1733, Göttingen 1994
Eine in weiten Teilen allgemein verständliche Darstellung

2.12 Die gegenwärtige Forschungsdiskussion

Berg, Horst Klaus: Ein Wort wie Feuer. Wege lebendiger Bibelauslegung, München 1991
Eine Zusammenstellung verschiedener Zugänge zu biblischen Texten

Müller, Peter / Heidrun Dierk / Anita Müller-Friese: Verstehen lernen. Ein Arbeitsbuch zur Hermeneutik, Stuttgart 2005
Ein allgemein verständliches Buch zu Fragen der Hermeneutik

Reinmuth, Eckart: Hermeneutik des Neuen Testaments, UTB 2310, Göttingen 2002
Knappe Einführung in Grundfragen der Hermeneutik

zu 3. Paulus und seine Briefe

Becker, Jürgen: Paulus. Der Apostel der Völker, Berlin / New York ²1992
Ausführliche Darstellung von Leben und Theologie des Paulus auf hohem Niveau

Berger, Klaus: Paulus, München ³2008
Berger bietet eine allgemein verständliche Darstellung von Leben, Werk und Theologie des Apostels.

Fenske, Wolfgang: Paulus lesen und Verstehen. Ein Leitfaden zur Biographie und Theologie des Apostels, Stuttgart 2003
Eine gut verständliche, didaktisch aufbereitete Einführung

Horrell, David: An Introduction to the Study of Paul, London 2000
Eine gut verständliche Einführung v. a. in die englisch-sprachige Paulusforschung

Schnelle, Udo: Paulus. Leben und Denken, Berlin / New York 2003
Eine ausführliche Darstellung auf hohem Niveau

Venetz, Hermann-Josef / Sabine Bieberstein: Im Bannkreis des Paulus. Hannah und Rufus berichten aus seinen Gemeinden, Würzburg 1995
Lebendig erzählt

Wischmeyer, Oda (Hg.): Paulus. Leben – Umwelt – Werk – Briefe, Tübingen 2006
Dieser Sammelband enthält Beiträge unterschiedlicher Autoren zu Einzelaspekten der Biografie und Theologie des Paulus; mit einer kritischen Würdigung der „new perspective“.

3.1 Zum Leben des Paulus

Betz, Dieter: Art. Paulus. I. Paulus als Apostel, Calwer Bibel Lexikon, Bd. 2, Stuttgart 2003, S. 1016–1026
Eine zusammenhängende Darstellung des Lebens des Paulus samt seines Selbstverständnisses als Apostel

Hengel, Martin / Anna M. Schwemer: Paulus zwischen Damaskus und Antiochien. Die unbekannten Jahre des Apostels. Mit einem Beitrag von E.A. Knauf, Tübingen 1998
Eine detaillierte, wissenschaftliche Darstellung der Frühzeit des Paulus auf hohem Niveau

3.2 Die Briefe des Paulus

Klauck, Hans-Jürgen: Die antike Briefliteratur und das Neue Testament. Ein Lehr- und Arbeitsbuch, UTB 2022, Paderborn u. a. 1998
Eine interessante, didaktisch gut aufbereitete Einführung in die antike und neutestamentliche Briefkultur

Trobisch, David: Die Paulusbriefe und die Anfänge der christlichen Publizistik, Gütersloh 1994
Trobisch bietet elementare Sachinformationen zur Entstehungsgeschichte der Paulusbriefe in einer gut verständlichen Sprache.

3.3 Zur Theologie des Paulus

(s. auch oben unter 3.)

Merk, Otto: Art. Paulus. II. Paulus als Theologe, Calwer Bibel Lexikon, Bd. 2, Stuttgart 2003, S. 1026–1029
Eine knappe Darstellung der Kernthemen paulinischer Theologie

Schnelle, Udo: Theologie des Neuen Testaments, UTB 2917, Göttingen 2008, S. 181–334
Umfangreiche Darstellung der paulinischen Theologie samt der neuesten Forschungsdiskussion

3.4 Die gegenwärtige Forschungsdiskussion

Frey, Jörg: Das Judentum des Paulus, in: Oda Wischmeyer (Hg.): Paulus. Leben – Umwelt – Werk – Briefe, UTB 2767, Göttingen 2006, S. 5–43
Darstellung und kritische Würdigung der „new perspective"

Sanders, Ed P.: Paulus und das palästinische Judentum. Ein Vergleich zweier Religionsstrukturen (engl. 1977), Göttingen 1985
Eine pointierte Darstellung der Kernthesen von Sanders

Sanders, Ed P.: Paulus. Eine Einführung, Stuttgart 1995
Eine unverzichtbare, preiswerte Einführung in die „new perspective"

zu 4. Die synoptischen Evangelien

Weiser, Alfons: Theologie des Neuen Testaments II: Die Theologie der Evangelien, Stuttgart 1993
Eine gute Übersicht, ganz überwiegend ohne Griechischkenntnisse lesbar

4.1 Das Markusevangelium

Ernst, Josef: Markus. Ein theologisches Portrait, Düsseldorf [2]1991
Eine allgemein verständliche Einführung in das Markusevangelium

Grimm, Werner: Markus – ein Arbeitsbuch zum ältesten Evangelium, 1995.
Das Taschenbuch liefert philologische, historische und theologische Klärungen zum Markusevangelium.

Hengel, Martin: Probleme des Markusevangeliums, in: Das Evangelium und die Evangelien, hg. von P. Stuhlmacher, Tübingen 1983, S. 244ff.
In diesem wissenschaftlichen Beitrag entfaltet Hengel seine einflussreichen Thesen zu den einleitungswissenschaftlichen Fragen des Markusevangeliums.

Müller, Peter: Mit Markus erzählen. Das Markusevangelium im Religionsunterricht, Stuttgart 1999
Eine allgemein verständliche Einführung in das Markusevangelium als Erzählung samt Überlegungen zur Umsetzung des Textes in die schulische Praxis einer 4. Klasse

Lührmann, Dieter: Das Markusevangelium, HNT, Gütersloh 1987
Ein übersichtlicher, in weiten Teilen allgemein verständlicher Kommentar zum Markusevangelium

Rau, Gottfried: Art. Markusevangelium, Calwer Bibel Lexikon, Bd. 2, S. 877–879, Stuttgart 2003
Ein gut verständlicher, einführender Lexikonartikel zum Matthäusevangelium

4.2 Das Matthäusevangelium

Ernst, Josef: Matthäus. Ein theologisches Portrait, Düsseldorf 1989
Eine allgemein verständliche Einführung in das Matthäusevangelium.

Feldmeier, Reinhard (Hg.): Salz der Erde. Zugänge zur Bergpredigt, Göttingen 1998
Eine besonders auch für Religionspädagogen geeignete Einführung in die Probleme der Bergpredigt mit Überlegungen zur Umsetzung von Mt 5–7 in die schulische Praxis

Luz, Ulrich: Die Jesusgeschichte des Matthäus, Neukirchen-Vluyn 1993
Luz fasst hier seinen umfangreichen Kommentar zum Matthäusevangelium allgemein verständlich zusammen.

Müller, Peter: Art. Matthäusevangelium, Calwer Bibel Lexikon, Bd. 2, Stuttgart 2003, S. 888–890
Ein gut verständlicher, einführender Lexikonartikel zum Matthäusevangelium

Sand, Alexander: Das Matthäusevangelium, Erträge der Forschung 275, Darmstadt 1991
Eine themenorientierte Zusammenstellung der Forschung zum Matthäusevangelium

4.3 Das Lukasevangelium

Conzelmann, Hans: Die Mitte der Zeit, Tübingen [7]1993
Ein „Klassiker" zur Auslegung des Lukasevangeliums

Ernst, Josef: Lukas. Ein theologisches Portrait, Düsseldorf [2]1991
Eine allgemein verständliche Einführung in das Lukasevangelium

Müller, Peter: Art. Lukasevangelium, Calwer Bibel Lexikon, Bd. 2, S. 848–850, Stuttgart 2003
Ein gut verständlicher, einführender Lexikonartikel zum Lukasevangelium

zu 5. Die Apostelgeschichte

Hengel, Martin: Zur urchristlichen Geschichtsschreibung, Stuttgart 1979
Hengel diskutiert den Wert der Apostelgeschichte als Geschichtswerk auf dem Hintergrund der antiken Geschichtsschreibung.

Klauck, Hans-Jürgen: Magie und Heidentum in der Apostelgeschichte des Lukas, SBS 167, Stuttgart 1996
Eine überschaubare, weithin allgemein verständliche Entfaltung eines spannenden Themas

Mattern, Lieselotte: Art. Apostelgeschichte, Calwer Bibel Lexikon, 1. Bd., Stuttgart 2003, S. 97–99
Ein allgemein verständlicher einführender Lexikonartikel zur Apostelgeschichte

Stegemann, Wolfgang: Zwischen Synagoge und Obrigkeit. Zur historischen Situation der lukanischen Christen, Göttingen 1991
Eine ausführliche, in den meisten Teilen allgemein verständliche Monografie

zu 6. Das Johannesevangelium und die johanneischen Briefe

Dschulnigg, Peter: Jesus begegnen. Personen und ihre Bedeutung im Johannesevangelium, Münster 2000
Ein Zugang zum Johannesevangelium über die in ihm auftretenden Personen

Büttner, Gerhard / Hanna Roose: Das Johannesevangelium im Religionsunterricht. Informationen, Anregungen und Materialien für die Praxis, Stuttgart 2007
Eine allgemeinverständliche Einführung in das Johannesevangelium mit didaktischen und methodischen Überlegungen für eine Behandlung des Evangeliums in der Sekundarstufe I

Schenke, Ludger: Das Johannesevangelium. Einführung – Texte – dramatische Gestalt, Stuttgart u. a. 1992
Das Johannesevangelium wird hier als Drama gedeutet.

Wengst, Klaus: Bedrängte Gemeinde und verherrlichter Christus. Ein Versuch über das Johannesevangelium, München [4]1992
Ein weitgehend allgemein verständlicher Versuch, die Situation der johanneischen Gemeinde zu beschreiben

zu 7. Die übrigen Briefe

Becker, Jürgen (Hg.): Die Anfänge des Christentums. Alte Welt und neue Hoffnung, Stuttgart 1987
Eine interessante, weitgehend gut verständliche Beitragssammlung

Brox, Norbert: Falsche Verfasserangaben. Zur Erklärung der frühchristlichen Pseudepigraphie, Stuttgart 1975
Eine ausgewogene Auseinandersetzung mit den Problemen der falschen Verfasserangaben in den pseudepigrafen Briefen

Faust, E.: Pax Christi et Pax Caesaris, Fribourg / Göttingen 1993
Faust stellt den „Frieden Christi" mit dem „Frieden des römischen Kaisers" unter besonderer Berücksichtigung des Epheserbriefes gegenüber.

Gemünden, Petra von / Matthias Konradt / Gerd Theißen: Der Jakobusbrief, Münster 2003
Eine Sammlung von wissenschaftlichen Beiträgen zum Jakobusbrief, insbesondere für theologisch Interessierte

Karrer, Martin: Der Brief an die Hebräer, 2 Bände, ÖTK 20 1/2, Gütersloh 2002
Eine ausführliche Auslegung des Hebräerbriefes, auch für Leser ohne Griechischkenntnisse

Luz, Ulrich: Der Brief an die Epheser, NTD 8/1, Göttingen 1998
Weithin verständlich auch für Leser ohne Griechischkenntnisse

Mattern, Lieselotte: Art. Epheserbrief, Calwer Bibel Lexikon, Bd. 1, Stuttgart 2003, S. 295–296

Mattern, Lieselotte: Art. Kolosserbrief, Calwer Bibel Lexikon, Bd. 1, Stuttgart 2003, S. 750–751

Müller, Ulrich B.: Zur frühchristlichen Theologiegeschichte. Judenchristentum und Paulinismus in Kleinasien an der Wende vom ersten zum zweiten Jahrhundert n. Chr., Gütersloh 1976
Eine knappe, gut verständliche Einführung in die „Querverbindungen" innerhalb der frühchristlichen Theologiegeschichte

Schnelle, Udo: Theologie des Neuen Testaments, UTB 2917, Göttingen 2008, S. 490–618
Anspruchsvolle Darstellung der Theologien der Deuteropaulinen, der Petrusbriefe sowie des Hebräer-, Jakobus- und Judasbriefes

zu 8. Die Offenbarung des Johannes

Dautzenberg, Gerhard: Art. Offenbarung, Calwer Bibel Lexikon, Bd. 2, Stuttgart 2003, S. 981–982
Eine zusammenfassende Darstellung der verschiedenen (biblisch-)theologischen Facetten des Begriffs „Offenbarung"

Dautzenberg, Gerhard: Art. Offenbarung des Johannes, Calwer Bibel Lexikon, Bd. 2, Stuttgart 2003, S. 982–984.
Ein einführender Lexikonartikel zum letzten Buch des Neuen Testament

Ego, Beate: Art. Apokalypsen, Apokalyptik, Calwer Bibel Lexikon, Bd. 1, Stuttgart 2003, S. 94f.

Hahn, Ferdinand: Frühjüdische und urchristliche Apokalyptik. Eine Einführung, Neukirchen-Vluyn 1998
Eine in weiten Teilen allgemein verständliche Einleitung das Phänomen der Apokalyptik und apokalyptische Schriften

Klauck, Hans-Josef: Das Sendschreiben nach Pergamon und der Kaiserkult in der Johannesoffenbarung, Biblica 37, 1992, S. 153–182
Eine spannende, gut verständliche Darstellung der zeitgeschichtlichen Situation unter besonderer Berücksichtigung des „weichen Kaiserkultes"

Müller, Ulrich B.: Die Offenbarung des Johannes, Gütersloh ^{2}1995
Ein verständlicher Kommentar für Leser auch ohne Griechischkenntnisse

Rost, Leonhard: Einleitung in die alttestamentlichen Apokryphen und Pseudepigraphen einschließlich der großen Qumranhandschriften, Heidelberg u. a. ^{3}1985
Eine Einleitung in jüdische, apokalyptische Schriften aus der Zeit der Offenbarung des Johannes, die nicht in das Alte Testament aufgenommen wurden

zu 9. Der neutestamentliche Kanon entsteht: Was soll „verbindlich" gelten?

Barton, John / Michael Wolter (Hgg.): Die Einheit der Schrift und die Vielfalt des Kanons. The Unity of Scripture and the Diversity of the Canon, Berlin / New York 2003

Deutsch- und englischsprachige Beiträge aus der Bibelwissenschaft und der Systematischen Theologie zur Kanonfrage

Büttner, Gerhard / Volker Elsenbast / Hanna Roose (Hgg.): Kanon, Münster 2009
Ein Sammelband mit Beiträgen zum Kanon aus theologischer und pädagogischer Perspektive

Ego, Beate: Art. Kanon, Calwer Bibel Lexikon, Bd. 1, Stuttgart 2003, S. 720f.

Metzger, Bruce M.: Der Kanon des Neuen Testaments. Entstehung, Entwicklung, Bedeutung, Düsseldorf 1993
Erläuterungen zum Kanon aus angloamerikanischer Sicht

Pannenberg, Wolfhart / Theodor Schneider (Hg.): Verbindliches Zeugnis I: Kanon – Schrift – Tradition, Freiburg 1992
Eine Aufsatzsammlung zum Thema Kanon aus exegetischer, kirchengeschichtlicher und systematisch-theologischer Perspektive